中国経済の巨大化と香港

そのダイナミズムの解明

篠原三代平

勤草書房

まえがき

　題して『中国経済の巨大化と香港』という。ただ，こうした巨大化の傾向が仮にも存在しているとすれば，それはけっして，過去3〜5年間に生じた短期的現象や突然変異ではない。それゆえ，すくなくとも過去20〜30年間にわたって生じた動かしがたい強力な中長期的トレンドとしてこれを分析の形で浮かび上がらせる必要がある。将来への動きの判断材料としてこれをつかもうとするならば，なおさらのことである。だから，一般的に過去3〜5年程度の指標上の変化に乗っかった判断が世の中には横行しているが，私はこの種の傾向には強い抵抗を感ずる。その意味で中国本土については過去20〜30年，香港についても，すくなくとも過去20年を超える統計データの解析に乗っかった判断が必要となる。私の分析はその意味では「中長期的」分析の形をとる。

　ただ中国には統計が非常に多い。一方『中国統計年鑑』にはどうしてもお世話にならざるをえない。しかし，さらに各省の統計年鑑の全部をこれに加えて分析するとなるとこれは大変である。そこで，私は一つの「分析戦略」を考えた。輸出，生産，直接投資などのデータをみると，90年代は広東地区の伸びが特別に高かったが，世紀の変わり目に近づくと，上海・浙江といった「長江デルタ」地区での伸びが非常に高くなる。いずれにせよ，この長江デルタと広東（これに香港を加えてもよい）中心の「珠江デルタ」が相互に拮抗

しながら特別高い伸びを示して、中国全体を押し上げている傾向をまず浮かび上がらせる必要がある。そこで、私はここで一つの「分析戦略」に到達した。

一方、経済全体については『中国統計年鑑』を十分に使う。しかし、経済全体を引きずっていく戦略的重要性をもつ地域としては、上記の上海・江蘇・浙江（長江デルタ）のそれぞれの『統計年鑑』を、そして広東については『広東統計年鑑』を大いに使用することにした。もちろん、珠江デルタ地区については、広東のほかに香港がとりわけ重要である。私は香港をはずしては、20～30年以前からの中国のすばらしい経済発展を語ることはできないと考えている。それだけではない。香港には特有の詳細な貿易統計がある。再輸出、三国間貿易（triangular trade）の拠点としての香港を広東とともに分析することには、特別の意味がある。香港をはずしては、中国の輸出や直接投資流入の非常に高い伸びの秘密は解明されないのだ。

まず、読者の便をはかって、以下統計的分析から引き出された中国・香港経済の中長期的発展にからむ到達点のいくつかをここで要約しておくことが便利かもしれない。

―― **主要到達ポイント10点** ――

(1) 中国経済では、輸出・GDP比率が、1980年6.0％、1985年9.0％、2001年23.0％というぐあいに、まったく「輸出主導型」の成長を示してきた。これには、まずこの期間を通じて発生した人民元の驚くべき切下げに注目せねばならない。ただ、80～90年代の大幅の為替切下げが仮になかったとしても、本来為替レートが割安であった中国では、輸出主導型の成長が依然として貫かれたであろうと私は考える。

まえがき　iii

　(2)　しかし，分析を正確にするには，貿易相手国との間にいわゆる「購買力平価」(相手国との間の相対価格)を計算し，名目為替レートを「実質」レートの形にした分析が行われねばならない。それだけではない。中国に存在した公定為替レートと市場為替レート (swap rate) の乖離を意識し，両者を加重平均した「実効」為替レートの分析に進む必要がある。私はこの仕事をも実施することができたと考える。

　(3)　一方，為替レートの大幅の切下げは「輸出需要」を刺激する。かくして生じた効果は為替切下げの結果ディマンド・サイドで生じた影響である。しかし，為替切下げは海外からの直接投資の流入をも刺激する。たとえば，日本と中国との関係としてみた場合でも，円はその結果大きく割高となり，日本で工場を拡大するよりは中国等に企業進出させる方が採算上決定的に有利となる。かくして，人民元の切下げは企業進出を通じて中国への技術移転を促進し，サプライ・サイドから中国の生産力拡大に大きく寄与する。これは中国産業の国内生産力を拡大するだけではない。その押し出し効果を通じて，対外輸出供給力を高めることになろう。

　(4)　一般に，輸出主導型成長と投資主導型成長が「共存」し，この二つが相互にフィードバックし合う場合には，中期の投資循環の揺れは一層鮮明になる。投資の伸びのトレンドが上向きになるだけではない。現実に中国経済で浮かび上がってきた姿は，この投資循環が日本やアメリカの循環スタイルよりも鮮明になるという結果を伴った。循環は資本主義経済だけの占有物ではないという帰結がここに浮かび上がってくる。

　(5)　こうした経過を通じて，アメリカ市場でも，日本市場でも，中国製品が数々の商品にわたって国際的に氾らんするという帰結が

発生した。私はこの結果を製品別にも確認する。と同時に、総体としても、日本の総輸出、アメリカの総輸出に比べて、中国の総輸出が相対的にその比重を拡大したという帰結を導くことができる。1970年には中国総輸出はアメリカ総輸出の5.4％にすぎなかったのが、2001年にはそれが36.4％となった。同様に、1970年には中国総輸出は日本総輸出の11.9％にすぎなかったのが、2001年にはそれが65.6％にまで拡大した。この飛躍的変化はいわゆる「産業空洞化」という動きの総括的帰結だということができる。

(6) 中国の総輸出の中で、香港経由の比重は過去20～25％程度だった時期がずっと続いたが、90年代に入ると、これが何と40％を超えた。ただ最近では多少ともそれを下回る程度だが、依然として高い。それゆえ、中国経済のダイナミズムを理解するには、典型的な「世界の自由貿易港」香港の役割の徹底した分析が、いわば不可欠となる。それは戦前・戦後の日本経済の理解に、「総合商社」が不可欠な位置を示していたのと近似している。つまり、香港は中国に対して総合商社的な役割を果たしているわけだ。多くの社会主義国が失敗した中で、「一国二制度」をうたうこの中国経済がいずれいくつかの先発国を追い上げることに成功しそうだと私には思われるのだが、これには自由貿易と計画経済というまったく異質の制度を両立させようとしてそれに成功しつつある事実が物をいっている。

(7) しかし、香港はさらに世界第5位の「国際金融センター」でもある。これが背景となって90年代には、中国への直接投資流入総額のうち香港経由の比重は10ヵ年平均して50％前後に達した。その結果、日本・アメリカ・ヨーロッパなどからの企業進出が驚くべき速度で進行して、中国の「世界の工場化」に寄与する結果となった。社会主義経済中国が国際金融センター香港との間に名コンビを

まえがき　v

示して，高い成長テンポを実現したということは，ここでも確認できるといわねばならない。

(8)　香港の総輸出に占める「再輸出」の割合はこの20年余りに急テンポで上昇した。1980年にはまだ30.6%だったが，2002年にはこれが91.6%となり，いまやいわゆる"triangular trade"（三国間貿易）は90%を超えてその頂点に到達したということができる。いま香港におけるアメリカ原産品の再輸出総額のうちで，中国に仕向けられる割合を香港の貿易統計で調べてみると，1980年には10.7%にすぎなかったのが，2002年には76.8%に上昇している。また日本原産品のうち中国に仕向けられる割合を調べてみると，1980年の15.4%が2002年の80.3%へと急上昇していることがわかる。香港の再輸出の統計はこういった相手国別の再輸出の内部構造をも明らかにしてくれるが，はっきりしていることはこれは過去20年余りの間に，香港と中国本土の経済的一体化が急角度に進行したということの帰結である。

(9)　問題はさらにこの香港経済には，90年代に空前の大変動が生じたということである。製造業の事業所が大挙広東に進出し，その結果就業者数200人以上の規模の製造業における事業所数は，1989年の450から2000年には118へと激減した（約4分の1）。したがって，私は製造業の事業所・就業者数について，詳細な「規模別分析」を行ったが，「業種別」にも掘り下げた分析を加えた。しかし，残念なことだが，この種の分析はこれまで行われた例をみなかったようである。

現在の香港経済には一見して「空洞化現象」が生じているという観察も成立しうるかにみえるが，実はそうではない。狭い香港では賃金は上がるばかりである。ところが，対岸の広東でははるかに低

賃金の労働力が周辺の地域からほとんど無制限に利用できる状態にある。しかも香港の主権は1997年に中国に返還され、それ以来は「香港特別行政区」として、特別の取り扱いをうけることはそれ以前からわかっていた。「広東と香港の経済的一体化」がかくして生じたといわねばならない。

(10) 香港はふつうの工業化の過程を辿った後発工業国とはまったく違う。むしろサービス輸出のうちで貿易、運輸、観光、金融・保険などの分野が約9割も占めており、この種のタイプのサービス産業主導型の発展の結果、高い1人当りGDP水準の達成に成功した特異の経済システムである。そこでは発展の起動力は工業ではない。サービス業である。ただサービス業といっても、「貿易・運輸・金融関連」のサービス業が、世界屈指の自由貿易港、世界第5位の国際金融センターでその偉力を発揮したということである。そして、このことが中国本土の異例ともいうべき発展の背後に存在したことを注目しなければならない。

私の統計的な分析における主要到達点がほぼ以上10点にまとめあげることができよう。この「まえがき」を書き終えるに当たって、一点だけ強調しておきたいことがある。たしかに私の分析はある意味では、中国・香港問題に対する「門外漢」によるアプローチであることは間違いない。しかし、私はこの方面の専門家たちの分析の盲点を衝くものであることを自負している。その点をこのまえがきの最後のところで強調しておきたい。

このような手法は、私がかつて一橋大学経済研究所で、明治・大正・昭和初期の「長期経済統計」の作成に尽力したことから生まれたといえるかもしれない。また昭和30年ごろジョンズ・ホプキンス大学に留学した際に、サイモン・クズネッツ教授の指導によって強

められた手法だということができる。中長期の統計資料を整備・分析することから "something vitally important" をひねり出し、これを浮かび上がらせることの重要性は、中国・香港経済を掘り下げれば、掘り下げるほど痛感せざるをえなかった。私はその点を狙い、一歩一歩統計いじりの結果を累積させ、その分析を行ったといってよい。

香港についていえば、1980～2002年にわたって、貿易統計の中長期的資料を整備した事例は、日本ではこれまでのところ皆目ゼロであった。まだ誰も手をつけていないことがわかると、ますますこれに手をつけて完成させたいという気持ちになるのが私の性分である。ただこれらの整備された統計資料は、本書では全部は収められてはいない。それらの一部だけが「統計付表」として末尾につけ加えられているにとどまることを、ここで付記しておきた。

2003年秋

篠原三代平

目　次

まえがき

第1章　中国経済——輸出主導型かつ投資主導型 …………3
　第1節　輸出主導型だったか …………………………3
　　1．概　観　3
　　2．海外市場における中国商品の氾らん　7
　　3．購買力平価と実質為替レート　8
　　4．「外貨調整センター」における公定レートと市場レート　13
　　5．世銀購買力平価ベースを基礎にした日中為替レート割高（割安）度の推計　23
　第2節　投資主導型だったか ……………………………31
　　1．投資／GDP比率を分析する　31
　　2．直接投資の流入と輸出増大　35
　　3．工業における生産性と賃金　40
　第3節　経済成長とインフレーション ………………46

第2章　輸出・直接投資と香港 ………………………53
　第1節　輸出と香港 ………………………………………53
　　1．輸出に占める長江デルタ圏と珠江デルタ圏　53

2．直接投資と輸出からみた香港　56
　第2節　1993年以降中国の対香港輸出入統計にみられる
　　　　「段落差」について …………………………………60

第3章　広東と一体化する香港 ……………………………67
　第1節　香港経済の概観 ……………………………………67
　第2節　香港貿易のマクロ的スケッチ ……………………71
　第3節　再輸出90％時代の"三国間貿易"の構造 ………77
　　1．香港の貿易統計の特徴　77
　　2．「地場輸出」vs「再輸出」　79
　　3．香港経由の対外輸出依存率の模索　90
　　4．「仕向地ベース」・「原産地ベース」再輸出の等価・
　　　不等価関係　92
　　5．再輸出の原産地区分と仕向地区分　94
　第4節　企業の対広東大量進出 ……………………………99
　　1．対香港加工貿易の進展——「来料加工」と
　　　「進料加工」　100
　　2．香港経済と製造業の急転回　106
　　3．製造業——規模別分析　109
　　4．業種別分析　113

第4章　シンガポールと香港の比較 ………………………121

終　章　中国経済の近未来——限られた角度からのスケッチ…129
　　1．上海圏 vs 広東・香港圏の将来　129
　　2．人民元の切上げは必至か　134

統計付表 …………………………………………………140
あとがき――中国との対話・二つの思い出 …………………157
索　引 ……………………………………………………163

中国経済の巨大化と香港
そのダイナミズムの解明

第1章　中国経済——輸出主導型かつ投資主導型

第1節　輸出主導型だったか

1．概　観

　中国は人口13億の大国である。本来，大国では大きな国内市場が形成されるため，輸出（入）依存度が低くなるというのがC・クラーク，S・クズネッツ以来の通念であった。しかし，ここ約20年間の経過は，中国がこの命題とは全く逆の動きを辿ってきたことを端的に物語っている。国内市場拡大に比べると，輸出市場拡大のテンポがはるかに大きかったからである。中国の将来を考える場合も，この一点を看過してはならない。

　表1には，中国の輸出とGDPの動向が1980年以降示されている。中国の「商品輸出／GDP比率」は，1980年には6.0%であったが，2001年には23.0%にまで上昇した。その間，中国のGDPは，4,518億元から95,933億元へと21.2倍に激増した。しかし商品輸出はこれを遙かに超え，この21年間に271億元から22,029億元へと81.3倍という超激増ぶりを示した。しかもこの総輸出のうちで，工業製品輸出の占める割合は80年の49.8%から2001年の90.1%へと飛躍した。拡大の主役は何といっても工業製品輸出の拡大にあった。

　この急テンポの輸出拡大の背景として，中国の為替レートが，と

表1 中国の輸出依存率の拡大と輸出の工業化

	中国GDP (10億元)	中国商品輸出 (10億元)	輸出/GDP (%)	中国商品総輸出 (億USドル)	うち工業製品輸出 (億USドル)	工業製品輸出/総輸出 (%)
1980	451.8	27.1	6.0	181.0	90.1	49.8
1981	486.2	36.8	7.6	220.1	117.6	53.4
1982	529.5	41.4	7.8	223.2	122.7	55.0
1983	593.5	43.9	7.4	222.3	126.1	56.7
1984	717.1	58.0	8.1	261.4	142.1	54.4
1985	896.4	80.9	9.0	273.5	135.2	49.4
1986	1,020.2	108.2	10.6	309.4	196.7	63.6
1987	1,196.3	147.0	12.3	394.4	262.1	66.5
1988	1,492.8	176.7	11.8	475.2	331.1	69.7
1989	1,690.9	195.6	11.6	525.4	374.6	71.3
1990	1,854.8	298.6	16.1	620.9	462.1	74.4
1991	2,161.8	382.7	17.7	719.1	557.0	77.5
1992	2,663.8	467.6	17.6	849.4	679.4	80.0
1993	3,463.4	528.5	15.3	917.4	750.8	81.8
1994	4,675.9	1,042.2	22.3	1,210.4	1,013.0	83.7
1995	5,847.8	1,245.2	21.3	1,487.8	1,273.0	85.6
1996	6,788.5	1,257.6	18.5	1,510.5	1,291.2	85.5
1997	7,446.3	1,516.1	20.4	1,827.9	1,588.4	86.9
1998	7,834.5	1,523.2	19.4	1,837.1	1,632.2	88.8
1999	8,206.8	1,616.0	19.7	1,949.3	1,749.9	89.8
2000	8,944.2	2,063.5	23.1	2,492.1	2,237.4	89.8
2001	9,593.3	2,202.9	23.0	2,661.5	2,398.0	90.1

資料:『中国統計年鑑』2002。

りわけ1985～94年の期間,物凄いテンポで切り下げられた事実にまず注目せねばならない。表2は人民元が対米,対日どちらからみても大幅の切下げを示したことを明らかにしている。USドル／100元の形で示された対米レートは「プラザ合意」の1985年水準に比べて94年にはその34.1%にまで切り下げられた。しかも,円／元の形で示された対日レートに至っては,同じ期間に対85年水準の14.6%

表2　人民元：対米・対日レート

	人民元・対米為替レート			人民元・対日為替レート		
	元/USドル	USドル/100元		円/元		元/100円
1985	2.937	34.05	(100.0)	81.22	(100.0)	1.23
1986	3.453	28.96	(85.1)	48.80	(60.1)	2.05
1987	3.722	26.87	(78.9)	38.86	(47.8)	2.57
1988	3.722	26.87	(78.9)	34.43	(42.4)	2.90
1989	3.765	26.56	(78.1)	36.64	(45.1)	2.73
1990	4.783	20.91	(61.4)	30.27	(37.3)	3.30
1991	5.323	18.79	(55.2)	25.30	(31.2)	3.95
1992	5.515	18.13	(53.2)	22.97	(28.3)	4.35
1993	5.762	17.36	(51.0)	19.02	(20.9)	5.90
1994	8.619	11.60	(34.1)	11.86	(14.6)	8.43
1995	8.351	11.97	(35.2)	11.26	(13.9)	8.88
1996	8.314	12.03	(35.8)	13.08	(16.1)	7.65
1997	8.290	12.06	(35.4)	14.60	(18.0)	6.85
1998	8.279	12.08	(35.5)	15.81	(19.5)	6.33
1999	8.278	12.08	(35.5)	13.76	(16.9)	7.27
2000	8.279	12.08	(35.5)	13.02	(16.0)	7.68
2001	8.277	12.08	(35.5)	14.68	(18.1)	6.81

資料：内閣府『海外経済データ』。

となったのだから，人民元の対米レートよりは対日レートの切下げ率がはるかに大きかったことを物語っている。ただ，人民元はそのあと2001年までは，ほぼ同じ水準を維持している。しかし，その前に対米34％，対日14％の低水準に切り下げられた人民元は，先行する切下げの幅が大きかっただけに，1995～2001年のあとの期間も，タイム・ラグを示して対外輸出のプッシュに大きな役割を演じ続けたと判断することができる。こうした為替切下げの輸出増大効果は，輸出促進に対する「需要サイド」からの影響を示しているということができる。もちろん，為替切下げがなくても，ここ20年ばかりの中国経済が輸出依存率を引き上げる強力なトレンドの中にあったと

表3 中国・アメリカ・日本の商品輸出総額の比較

(単位:10億USドル,%)

	商品輸出総額(通関ベース)			相対比		
	アメリカ	日本	中国	日本/アメリカ	中国/アメリカ	中国/日本
1970	42.7	19.3	2.3	45.2	5.4	11.9
1975	108.9	55.8	7.7	51.2	7.1	13.8
1980	225.6	129.8	18.1	57.5	8.0	13.9
1985	218.8	175.6	27.4	80.3	12.5	15.6
1990	393.6	286.9	62.1	72.9	15.8	21.6
1995	584.7	442.9	148.8	75.7	25.4	33.6
2000	781.1	480.7	249.2	61.5	31.9	51.8
2001	730.8	405.5	266.2	55.5	36.4	65.6

資料:IMF, *International Financial Statistics*, 2002; 東洋経済新報社『経済統計年鑑2002』。
注:日本は現在,通関ベースの輸出額は,円表示のもののみ発表されている。IMFデータもそうである。そこで東洋経済推計のUSドル表示のものを使った。

いうことができる。その点を明らかにするためには,海外からの直接投資の流入や投資・GDP比率の上昇,その他の「供給サイド」からの輸出拡大のプレッシャーの分析を無視してはならない。

しかし,その分析に入る以前に,中国の急テンポの輸出拡大が国際的にみて,どのようなスケールで行われたかを,もうすこし統計的に確認しておく必要がある。表3は,IMF統計で示されている計数などを利用して,アメリカ,日本,中国からの商品輸出総額(通関ベース)の日本/アメリカ比,中国/アメリカ比,中国/日本比を1970年以降5年おきに計算してみた結果である。これをみると,中国の輸出の対米比は1970年の5.4%が,85年には12.5%,そして2001年には実に36.4%に達したことが明らかになる。中国/日本比に至っては,85年には15.6%だったのが,2001年には65.6%を超えてしまうというすさまじい上昇を示している。ここでの関連事項外の話になるが,アメリカの圧力によって1985年には大幅のドル

の切下げ,円の切上げが行われたが,その際には,すでに輸出額の日本／アメリカ比は実に80.3％にまで引き上げられていた。しかし,2001年にはそれが55.5％にまで低落した。これはプラザ合意以後の購買力平価からみての大幅の円高の進行の結果である。このインパクトも加わったためであろう。人民元の対日為替下落は対米下落(対85年,35.5％)よりはるかに大きな動き(対85年,18.1％)を示すに至ったということができる。

2. 海外市場における中国商品の氾らん

中国の急テンポの輸出上昇の結果,アメリカ市場でも,日本市場でも,表4,表5で示されるように,総輸入に占める中国の主要品目の輸出シェアは,90年代にはかなり引き上げられる結果となった。

(1) アメリカ市場では,アパレル・衣類は13％から15％のシェアで比較的安定しているが,玩具・スポーツ用品・乳母車は1990～2000年の間に,25％から65.6％へ,履物は15.7％から62.2％へとその比重の高まりは顕著である。旅行用品は50％前後と高

表4 アメリカ市場における中国製品の輸出シェア

(単位:％)

	1990	1995	1998	2000	2001 (1〜9月)
玩具・乳母車・スポーツ用品	25.0	52.3	60.4	65.6	62.3
アパレル・衣類	13.7	14.9	13.4	13.3	14.0
電気機器	2.0	4.2	7.5	8.7	10.4
通信設備	5.3	12.1	15.7	14.4	15.4
履物	15.7	48.4	57.8	62.2	64.5
事務用機器	0.4	4.7	8.4	12.1	13.4
写真機・光学機械・時計	3.0	9.2	12.6	14.6	15.8
旅行用品	—	47.4	49.2	50.1	50.1

資料:*Hong Kong External Trade* (Monthly), December issues.

表5 日本市場における中国製品の輸出シェア

(単位:%)

	1990	1995	1998	2000	2001 (1〜9月)
アパレル・衣類	27.3	56.6	64.9	74.7	75.2
電気機器	2.0	7.1	13.0	13.7	14.7
事務用機器	0.8	4.6	9.0	11.0	14.1
玩具・乳母車・スポーツ用品	−	−	47.0	47.1	55.4
写真機・光学機械・時計	2.1	10.9	18.5	20.0	20.5
通信機械	−	14.5	20.5	20.8	26.9
履物	−	47.3	47.0	−	

資料:*Hong Kong External Trade* (Monthly), December issues.

水準を維持している。他方,機械関連でみると,電気機器の2.0%→8.7%,事務用機器の0.4%→12.1%,写真機・光学機械・時計の3.0%→14.6%などは,中国の輸出拡大がアメリカ市場で,確実に支えられてきたことを物語る。

(2) 例示的に,日本市場での中国シェアの動きをみると,玩具・乳母車・履物の50%近くの高水準の維持のほか,アパレル・衣類の27.3%から74.7%への急上昇が目立っている。機械関連でも,電気機器の2.0%→13.7%,写真機・光学機械・時計の2.1%→20.0%などが注目される。

関連して,アメリカ市場における中国・日本間の輸出競争を図示してみる。図1に掲げられている諸品目で,日本の輸出シェアの低下と,中国輸出シェアの上昇は一貫した形で表れている。

3.購買力平価と実質為替レート

表2では輸出依存率上昇に対する需要サイドの背景として人民元の名目レートでの切下げが強調された。しかし,比較さるべき,ア

第1章 中国経済——輸出主導型かつ投資主導型　9

図1　アメリカ市場における中国・日本の輸出シェア

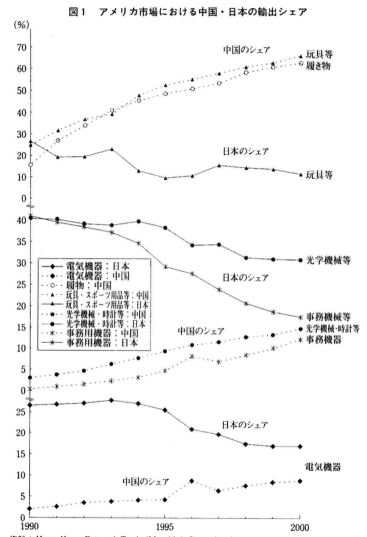

資料：*Hong Kong External Trade* (Monthly), December issues.

メリカとか日本に対しても、もし中国の国内価格が相対的に上昇したとすれば、名目的に切り下げられても、実質的にはそれほど切り下げられたことにならないかもしれない。したがって、比較さるべき国の対中国相対価格ないし購買力平価（PPP：purchasing power parity）を計算し、これで名目為替レートをデフレートした「実質レート」を計算して、切下げの実質的な大きさを分析しなければ、分析は中途半端になってしまう。ここに、いわゆるPPPで名目為替レートを実質化する操作を加える必要が生じてくる。既出の表2では、対アメリカ、対日本と分けて、「名目為替レート」の切下げ度を問題にするにとどめた。しかし表6では、それぞれ対アメリカ、対日本の相対価格指数（B/A＝C）をまず計算し、基準時点1995年の対米レート8.351元、対日レート8.88元をこの相対価格指数に乗じた系列を、それぞれ1995年ベースの「対米購買力平価」、「対日購買力平価」（E）とした。当然のことながら、このEと名目レートのDを比較したE/D（＝F）がこの期間低下の傾向を示すとすれば、実質為替レートが、対アメリカ、対日本、それぞれどの程度低下の傾向を示したかがわかる。

ただ購買力平価の計算に用いる物価指数として、ここでは、(a)「生産者価格」（ないし「卸売物価」）を用いる場合と、(b)「GDPデフレーター」を用いる場合と、2通りの計算結果を、表6に示しておいた。

貿易財（tradables）のデフレーターとしては、GDPデフレーターではなしに、卸売物価（ないし生産者価格）系列を用いるべきかと思われるが、ここではそれぞれ両方のベースにもとづく計算を行い、GDPデフレーターによる結果は後段別の目的に使用することを考えることにしよう。表6の結果を図2に図示する。これから、

表6 アメリカ・日本・中国間の実質為替レート

(a) 生産者価格ベース：中国の対米・対日購買力平価と実質為替レート

	生産者価格 (1995=100)			対米為替レート 元/USドル D	1995年ベース 対米購買力平価 (C×8.351) E	E/D F
	アメリカ A	中国 B	B/A C			
1980	72.0	28.0	38.9	元 1.498	元 324.9	216.9
1985	82.7	32.3	39.1	2.937	326.5	111.2
1990	93.2	51.8	55.6	4.783	464.3	97.1
1995	100.0	100.0	100.0	8.351	835.1	100.0
2000	106.3	91.8	86.4	8.279	721.5	87.2

	生産者価格 (1995=100)			対日為替レート 元/100円 D	1995年ベース 対日購買力平価 (C×8.88) E	E/D F
	日本 A	中国 B	B/A C			
1980	109.0	28.0	25.7	元 0.66	元 228	345.5
1985	109.5	32.3	29.5	1.23	262	213.0
1990	104.1	51.8	49.8	3.30	442	133.9
1995	100.0	100.0	100.0	8.88	888	100.0
2000	96.1	91.8	95.5	7.68	848	110.4

(b) GDPデフレーター・ベース：中国の対米・対日購買力平価と実質為替レート

	GDPデフレーター (1995=100)			対米為替レート 元/USドル D	1995年ベース 対米購買力平価 (C×8.351) E	E/D F
	アメリカ A	中国 B	B/A C			
1980	58.1	33.3	57.3	1.498	478.5	319.4
1985	75.1	38.7	51.5	2.937	430.1	146.4
1990	88.2	55.2	62.6	4.783	522.8	109.3
1995	100.0	100.0	100.0	8.351	835.1	100.0
2000	109.1	102.8	94.2	8.279	786.7	95.0

	GDPデフレーター (1995=100)			対米為替レート 元/100円 D	1995年ベース 対日購買力平価 (C×8.88) E	E/D F
	日本 A	中国 B	B/A C			
1980	78.3	33.3	42.5	元 0.66	元 377	571.2
1985	89.2	38.7	43.4	1.23	385	313.0
1990	95.2	55.2	58.0	3.30	515	156.1
1995	100.0	100.0	100.0	8.88	888	100.0
2000	96.5	102.8	106.5	7.68	946	123.2

資料：1. アメリカ生産者価格…IMF, *International Financial Statistics*, 同GDPデフレーター…*Economic Report of the President*.
2. 日本卸売物価…日銀『金融経済統計月（年）報』，同GDPデフレーター…内閣府『国民経済計算年報』．
3. 中国の場合，両物価系列とも『中国統計年鑑』．

注：1. 中国の生産者価格は，「工場渡し価格」と「農産物価格」を1995年生産額で加重平均して求めた．多少アメリカの"industrial prices"とはカバレジの相違がありえよう．
2. 日本の「生産者価格」とあるのは，日銀調べの「国内卸売物価」を指す．

図2 通関ベース商品輸出比率（USドルベース）と実質為替レート

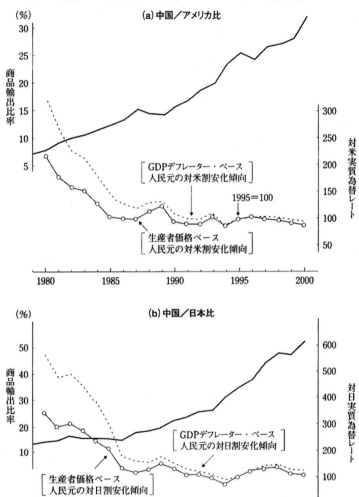

若干の観察を導くことができる。

(1) まずGDPデフレーターをベースにして導かれる実質為替レートは、生産者価格ベースの実質為替レートより、低下の速度が急であることが注目される。

(2) いずれの場合も、実質為替レートの低下は、この20年間の前半の時期において急テンポであった。

(3) しかし、輸出額の対米比率、対日比率の上昇はあとの10年間によりはっきりした形を示している。したがって、通貨の実質的切下げの効果は、どうやら、かなりのタイム・ラグをもってあとの10年間に、大幅にズレたとみることができよう。

4．「外貨調整センター」における公定レートと市場レート

ところで、人民元は全部公定レートだったかというと、そうではない。主として外貨を取得した三資企業や国内企業の便宜をはかってであろう、1981年から84年までは、「内部決済相場」の利用が認められ、さらに、1986年には「外貨調整センター」が設立された。91年からは貿易企業は輸出額の60％の外貨を留保することも可能となった。

ところで、その方面に詳しい大久保勲氏から表7のような統計を教えていただいたことがある。

したがって、「外貨調整センター」での取引高は、中国の外貨取引の全体を示すものでないことは明らかである。しかし、これから90年代前にはその成約高が輸出額の1/3に近づいたということが確認できる。

しかし、H. E. Khor氏がIMFの調査団の一員として中国に出向き、中国政府側が提供した資料にもとづいて作成した表8の帰結は

表7 外貨調整センター成約高

(単位:億USドル,%)

	外貨調整センター成約高 A	輸出額 B	A/B
1987	42	394	10.7
1988	63	475	13.3
1989	86	525	16.4
1990	132	621	21.3
1991	204	719	28.4
1992	251	849	29.6
1993	123	917	13.4

資料:1987～90年の「成約高」は,大久保勲「中国為替相場推移の意味と対外貿易体制改革」(『日中経済協会会報』1991年4月号)。1991～93年は同氏の教示による。

これと異なっている。

ただこれまで用いた中国の為替レートには,IMF, *International Financial Statistics*,『中国統計年鑑』,内閣府『海外経済データ』に出てくるものをそのまま使用している点に問題がある。しかも,IMF, *International Financial Statistics* では,以上の為替レートの計数が "market rate" として記載されている。たしかに,1994年以降は,中国ではいわゆる「外貨調整センター」で決まる市場レートを人民元として一本化するに至った。その限りでは94年以降に関するかぎり,一応これを market rate と称することができよう。けれども,1993年以前では「公定レート」と「市場レート」が併存していた。たしかに,市場レートによる外貨取引の割合は,1991～93年当時は約80%であったといわれている。またその比率は87～90年ごろは45%弱だったと推定する向きもある。そうだとすると,対外開放当初はこの比率は20%前後の割合だったと考えることも,あながち不当だとはいえない。そこで,できるだけ過去に遡って,

第1章 中国経済──輸出主導型かつ投資主導型

表8 中国の為替レート：公定・市場・加重実効レート (四半期系列)

	公定為替レート (元/USドル)	市場為替レート (元/USドル)		輸入からみた加重平均レート (元/USドル)		想定されているウエイト $(1-\alpha)$ (%)	
1987- I	3.72	5.25	年平均	4.39	年平均	43.80	年平均
II	3.72	5.30	5.41	4.42	4.46	42.40	43.6
III	3.72	5.46		4.49		44.30	
IV	3.72	5.61		4.55		43.90	
1988- I	3.72	5.70		4.59		43.90	
II	3.72	6.30	6.31	4.86	4.86	44.20	44.1
III	3.72	6.60		4.99		44.10	
IV	3.72	6.65		5.01		44.00	
1989- I	3.72	6.65		5.01		44.00	
II	3.72	6.60	6.43	4.99	4.94	44.10	44.0
III	3.72	6.55		4.97		44.20	
IV	3.89	5.90		4.77		43.80	
1990- I	4.72	5.91		5.24		43.70	
II	4.72	5.81	5.81	5.20	5.23	44.00	44.0
III	4.72	5.80		5.20		44.40	
IV	4.97	5.70		5.29		43.80	
1991- I	5.22	5.80		5.68		79.30	
II	5.31	5.84	5.85	5.73	5.74	79.20	78.8
III	5.36	5.87		5.77		77.30	
IV	5.39	5.87		5.77		79.20	
1992- I	5.46	5.95		5.85		79.60	
II	5.50	6.25	6.58	6.10	6.36	80.00	79.6
III	5.50	7.00		6.70		80.00	
IV	5.70	7.10		6.80		78.60	
1993- I	5.75	8.17		7.69		80.00	
II	5.72	9.10	8.74	8.42	8.15	80.00	80.00
III	5.78	9.01		8.37		80.00	
IV	5.86	8.68		8.11		80.00	

資料：1993-IIまでは、Hoe Ee Khor, "China's Foreign Currency Swap Market", IMF, *Paper on Policy Analysis and Assessment*, Dec. 1993. ただ、1993-III、IVは『中国金融年鑑』1994に記載の35地域の月次別の「外貨調整センター」の市場レートから、その四半期平均を求めたもの。

注：ここに「想定されているウエイト」とは、公定レート、市場レート、加重平均レートの3つの数値から逆算したものである。

「公定レート」と「市場レート」，そして両者を以上の取引割合によって加重平均した一種の「実効レート」を求める努力が必要になる。

表8の計数は，そこで注記されているように，H. E. Khor 氏がIMFの調査団の一員として中国に出向き，中国の政府側が提供した資料にもとづいて作成したものである。ただ1993年の四半期データだけは『中国金融年鑑』1994年に掲げる35地域の月次データから私が推定したものである。

いま公定レート (official rate) を O，市場レート (swap rate) を S，公定レートによる取引割合を α，市場レートによる取引割合を $(1-\alpha)$ とすると，両者の加重平均である実効レート (weighted rate) W は，

$$W = \alpha O + (1-\alpha)S$$
$$\therefore W - S = \alpha(O - S)$$
$$\alpha = (W - S)/(O - S)$$

である。Khor 氏の論文では α は示されていないが，O, S, W の計数は示されているから，α および $(1-\alpha)$ は上式で推定可能である。これによると，1987～90年の間は，市場レートによる取引割合は44％前後であり，1991～93年間は約80％であると想定されていることがわかる。

この想定が正しいかどうかは，日本の大久保氏などの専門家の間でも異論があるようだが，とりあえず，Khor 氏のデータから導かれる帰結を求めることにしよう。

注目すべき帰結の一つは，図3の示すように中国の場合，1988～89年や92～93年のように市場レートが急激に上昇したあとには，公定レートの急上昇の時期がやや遅れて到来していることである。

第1章　中国経済——輸出主導型かつ投資主導型　17

図3　中国人民元：公定レートと市場レート

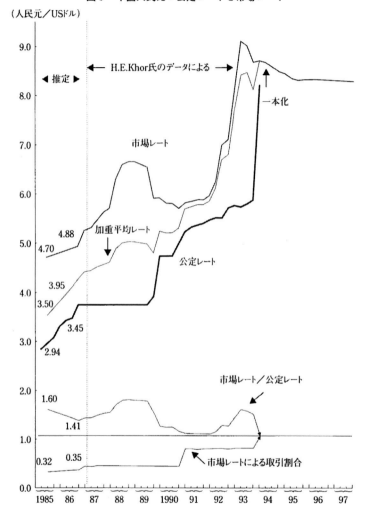

(以下，しばらく US ドル／人民元の上下ではなしに，図3の形で表された「人民元／米ドル」の数値の増減でその上昇・下降を云々することにする。）市場レートの代わりに，「市場レート／公定レート比」を用いても，それが上昇したあとには，やがて公定レートの切上げが実施されるに至っていると言いかえてもよい。これは中国のような社会主義経済が対外的にも市場の力を無視できなくなってきたということである。ただ93年の市場レートの上昇のあとの公定レートが急上昇したとはいえ，そのあとで official rate が swap rate に吸収されて，なくなってしまったという点だけが異なる。

しかし，Khor 氏のデータは1987年以降得られるにとどまる。そこで，われわれは分析上，1985年のプラザ合意時を含めた分析を行いたい。そのため，何とかして1985年，1986年の両年次の数字を推測によってでも埋めたい気がする。

ところで，1981年「年初」の公定レートは1USドル＝1.53元前後（これは年間平均ではない）であったが，当時の swap rate つまり「内部決済相場」は1USドル＝2.80元であったとされている。したがって，図3に掲げた「市場・公定レート比」は1981年「年初」では1.83（＝2.80/1.53）であったことは明らかである。この1981年ごろの「市場・公定レート比」1.83がその後に公定レートの上昇(83年「末」1USドル＝1.98元，84年「末」2.80元）を迎えるに及んで，低下を示していったはずである。もちろん市場レートの方も上昇しただろうが，公定レートの上昇ほど急だったとは考えられない。したがって図3では，「市場・公定レート比」が，1981年「年初」の1.83から85年には1.60（そして86年には，1.41）にまで低下したと想定されている。そして，それに多少の遅れを示しながら，ここでは公定レートは81年「年初」の1.53元から，85年の2.94元に

まで切り下げられたものと仮定されている。そこで,仮に「市場・公定レート比」と,公定レートの水準がこのように与えられるならば,swap rateの85年水準も4.70元と導かれることは前述の算式から明らかである。また「市場レートによる取引割合」$(1-\alpha)$も,グラフが示すように,85年には0.32として導かれることになる。

以上はKhor氏のデータにもとづきながら,それをやや拡大解釈した1985～86年の私なりの推測にもとづいている。もしこの帰結が仮に正しいと仮定するならば,これにもとづいて市場・公定両相場の加重平均値としての実効為替レートが,1985年以降どのように変化したかが一応明らかになる。

以上の背景の下に表9では,基本的にはKhor氏のデータに依拠しながら,「市場レート」,「市場レート／公定レート比」,「スワップによる取引割合」が1980～93年について推計・計算される。表中の括弧内の計数・比率は大なり小なり,断片的データにもとづく私の推定による。とりわけ,1980～85年間の「swapによる取引割合」は,80年の15%と85年の32%の間を直線補間している。初期の断片的データの資料が「暦年平均」で与えられず,たとえば「年初」の計数であるに過ぎないため,表8の計数がこれとは多少の相違を示すことになる。

この表9の結果にもとづいて,図4が作成される。公定レート,市場レートの1980～93年の動きに対して,両者の加重平均による実効レート(USドル/100元)の動きが図示される。これによると,80年代初期には実効レートはより公定レートに近く,90年代初期はより市場レートに近かった。そして取引の8割近くが市場レートによる取引だという状況に近づいたあと,94年以降両市場「一本化」に踏み切ったのである。

表9　中国の為替レート:「公定」・「市場」・「実効」レート（1980〜93年間の推定）

	公定レート (元/USドル) A	市場レート (元/USドル) B	B/A	[swapによる取引割合] (%)	[加重実効レート] (元/USドル)	USドル/100元の形のレート		
						公定	市場	実効
1980	1.498	(2.33)	(1.56)	(15.0)	(1.63)	66.76	42.92	(61.35)
1981	1.705	2.80	1.64	(18.4)	(1.91)	58.65	35.71	(52.36)
1982	1.893	(3.37)	(1.78)	(21.8)	(2.22)	52.83	29.67	(45.05)
1983	1.976	(3.75)	(1.90)	(25.2)	(2.42)	50.61	26.67	(41.32)
1984	2.320	(4.23)	(1.82)	(28.2)	(2.87)	47.40	23.64	(34.84)
1985	2.937	4.70	1.60	32.0	3.50	34.01	21.28	28.57
1986	3.453	4.88	1.41	35.0	3.95	27.25	20.49	25.37
1987	3.722	5.41	1.45	43.9	4.46	26.86	18.48	22.42
1988	3.722	6.31	1.70	44.1	4.86	26.87	15.85	20.58
1989	3.765	6.43	1.71	44.0	4.94	26.56	15.55	20.24
1990	4.783	5.81	1.21	44.0	5.23	20.91	17.21	19.12
1991	5.323	5.85	1.10	78.8	5.74	18.79	17.09	17.42
1992	5.515	6.58	1.19	79.6	6.31	18.13	15.20	15.85
1993	5.762	8.74	1.52	80.0	8.15	17.36	11.44	12.27
1994	8.619 （一本化）			100.0		11.60 （一本化）		

注：本文中に述べた若干の資料，ならびに図3にみられるいくつかの計数の動きから上掲「括弧内の計数」が想定される。
　図4のスワップ比率(a)，人民元の実効レート(b) (USドル/100元)はこの表の右端の計数にもとづいて作図されている。これは基本的にはKhor氏のデータに依拠している。

　以上の分析では，ただ一つの重要な問題が依然として保留されたままで残されている。つまり，H. E. Khor氏のデータから推測される，輸出総額の中で「市場レート」で取引される割合は，1991〜93年間は約80%であったということになっているが，大久保勲氏のデータ（表7）から導かれるこれに対応する割合は，28.4%, 29.6%, 13.4%であって，その3ヵ年平均は23.8%となる。80%と23.8%では大きな差だといわねばならない。私はこの大きな差の解釈に苦慮し，長い間，これを放置していたが，結局以下のように判断す

第1章 中国経済——輸出主導型かつ投資主導型

図4 中国人民元実効レートの導出

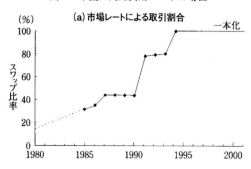

(a) 市場レートによる取引割合

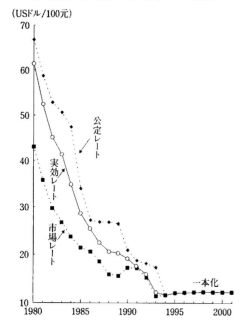

(b) 人民元：対米公定レート・市場レート・実効レート

るのが正しいと思うようになった。

 すなわち,「外貨調整センター成約高」は,たくさんの内外の企業から報告される結果だということができるが,貿易取引だけに限れば,個々の企業の輸出取引と輸入取引の差額,つまりネットの数字がベースになる。けっして輸出取引だけにもとづくグロスの成約高が出てくるのではない。このような性質のデータの場合,当然の結果として表7のように,1991~93年平均が23.8%となって,Khor氏のデータから推測される80%を大きく下回ることは不可避的であろう。

 以上の根拠から,私自身は,一応Khor氏のデータにもとづくこれまでの分析が大久保氏のデータによって否定されるものでないということだけは,ここで申し添えておきたい。したがって,1991~93年間の外貨取引の割合は,輸出取引に限る以上は約80%だという結果は否定できないということになる。

 もう一点,ここで触れておきたいことが残る。たしかに,1994年には公定レートと市場レートは一本化された。しかし,これは中国の為替レートがすべて自由化されて,あとは市場の調整によって,レートが均衡値に落ちつくと考えたらよいかといえば,全くそうではない。現実には,人民元と外貨の交換は貿易などの「経常取引」に限られている。企業には「外貨保有規制」が課せられており,資本取引はきびしい管理の下にある。それゆえ,輸出企業が外貨を手に入れても,現実にはそれを手放して人民元に交換しなければならない部分がかなりの量に達する。したがって,ここで公定レートと市場レートの一本化といっても,それは中国の為替レートが全く市場の力によってきまる状況に移行したといってよいかといえば,そうではない。「資本取引」には依然として規制が残存しているし,

ましてや先進諸国にみられるように、海外の資金が自由に為替市場に出入りできるような状況にはなっていない点に留意すべきである。

5．世銀購買力平価ベースを基礎にした日中為替レート割高（割安）度の推計

よく、中国労働者の賃金を為替レートで邦貨に換算すると、日本の賃金水準の約30分の1だといわれることがある。しかし、中国の賃金でも省によって大きな地域差がある。そこでいま1人当りGNPないしGNI（国民総所得）を為替レートでUSドルに換算してみると、どのくらいになるか。表10上部には2001年の為替レート・ベースの1人当りGNIが示されている。世銀調べをそのままとると、日本は35,990ドルなのに、中国は890ドルで、約2.5%となり、日本の40分の1となる。これは賃金以外の所得も含んでの計算である。仮に、韓国と比較すると、中国の1人当り所得は9.5%の水準だから約10分の1となる。ただ、インドネシアよりはちょっと高いが、フィリピンに比べると85%の水準になる。

ところで、これは現行為替レートでの換算結果だが、世銀は両国の物価水準を考慮した実質的な1人当り所得水準（購買力平価ベース）を過去何年間も発表し続けてきた。ただ、こと中国に関する限りは、この結果に疑問を挟む人が非常に多い。しかし、ともかくこの購買力平価（PPP）ベースの中国の1人当り所得水準は2001年には、4,260ドルとなり、名目為替レートベースの890ドルよりはうんと高い。逆にいえば、名目為替レートベースの1人当り所得水準は、PPPベースの20.9%、実勢よりは約5分の1に過小評価されているという話になる。

この表10では、1985年から2001年まで、世銀が発表したとおりに

表10 1人当り GNP とその購買力平価 (PPP) (世銀推計)

	2001年1人当り GNI (US ドル)			2000年1人当り GNI(US ドル)における[為替レートベース]/[PPPベース]比率
	PPP ベース A	為替レートベース B	B/A	
アメリカ	34,870	34,870	100.0	100.0
日本	27,430	35,990	131.2	129.3
香港	26,050	25,920	99.5	101.1
シンガポール	24,910	24,740	99.3	99.1
韓国	18,110	9,400	51.9	51.4
中国	4,260	890	20.9	21.3
タイ	6,550	1,970	30.1	31.8
マレーシア	8,340	3,640	43.6	40.4
フィリピン	4,360	1,050	24.1	24.6
インドネシア	2,940	680	23.1	20.1

	1999年	1997年	1994年	1992年	1990年	1985年
	1人当り GNP (US ドル) における [為替レートベース]/[PPP ベース] 比率 (アメリカ=100)					
アメリカ	100.0	100.0	100.0	100.0	100.0	100.0
日本	134.1	161.8	163.8	139.8	150.0	71.6
香港	112.3	103.0	96.1	76.6	70.8	61.8
シンガポール	109.6	113.6	102.7	94.1	74.5	56.2
韓国	58.0	78.1	79.9	75.9	75.1	24.1
中国	23.7	24.1	20.6	24.9	19.0	7.6
タイ	35.0	42.5	34.6	31.2	30.8	15.9
マレーシア	42.7	42.9	41.1	34.7	39.3	25.0
フィリピン	26.7	33.2	34.9	31.0	31.5	10.9
インドネシア	23.8	32.2	24.5	22.6	24.3	9.9

資料:World Bank, *World Development Report*, each year.
注:2000, 2001年は GNI (Gross National Income) ベースだが,それ以前は GNP ベースでの比較である。

1人当り所得水準における割安(割高)度の計算結果が示されている。ここでは、その計算の是非を云々しない。ただ、世銀推計によると、どういうことになるかを表示しただけである。為替レートによる結果がPPPベースの水準に比べて、どの程度過大であるか過小であるかを示しただけである。それはアメリカ=100とした計数で表されている。これによると、2001年において、日本の現行為替レートで表示した結果は、PPPベースのものより、31.2％過大になっている。いわば為替レートは31.2％「過大評価」されている(為替レートは円高)ということになる。しかし、日本は16年前の1985年には対米71.6％となっているから、為替レートによる表示は、当時は購買力平価による水準に比べて逆に28.4％も過小評価されていたという話になる。

中国は2001年には名目為替レート表示の1人当り所得水準は実勢の20.9％だが、1985年に遡ると、それは僅か7.6％にすぎなかったという結果も出ている。いま図5で、横軸にPPPベースの1人当りGNI、縦軸に名目為替レートの割高(割安)度を測ると、2000年の時点で、日本は名目為替レート・ベースの水準34,210USドルは、PPPベースの水準26,460USドルよりは29.3％も割高(円高)だったということになる。スイスの場合も預金が世界中から集まる国だからであろう、25.6％も割高という帰結が図示される。この図では、中国は2000年においてもっとも為替レートが割安(21.3％)な国の一つだという結果が導かれる。

以上の結果には、われわれは十分懐疑的であってよいと思われるが、中国の場合に導かれる為替レートの割安度はいささか過大だとしても、国際的には割安の程度が著しく大きかったという事実までも否定してしまうことも行き過ぎである。われわれは、すでに80年

図5 世銀購買力平価ベース1人当り GNI と為替レート割高（割安）の関係（2000年）

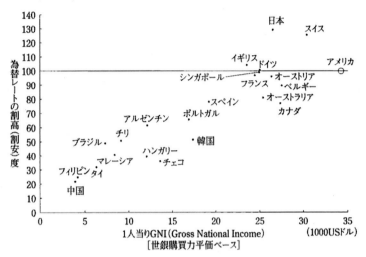

資料：World Bank, *World Developmennt Report*, 2001.
注：2000年における1人当り GNI（Gross National Income）について「為替レートベース」／「世銀 PPP ベース」を縦軸に為替レートの割高（割安）度として表現した。

代後半に行われた中国の大幅の為替レート切下げの効果を分析したが，しかし仮にそのような切下げが行われなかったとしても，中国の場合は諸先発国からの直接投資・新技術の流入と，ここで示されたような PPP ベースに対比しての為替安を利用して，輸出成長率を諸先発国より大きくできたはずだと推論することが依然として可能かもしれない。

私は，既出の表6に，中国の対米，対日購買力平価を計算し，それを土台にして中国の対米実質為替レート，対日実質為替レートの時系列的結果を試算した。しかも，「生産者価格ベース」と「GDPデフレーター・ベース」の2通りの実質レート指数の算定を行った。

図6 日米実質為替レート（購買力平価基準）
——卸売物価ベースとGDPデフレーター・ベース——

ところで，いまわれわれは世界銀行のクロスセクションのPPP試算に接することができた。

そこでしばらくは，中国の分析から日本の分析に脱線することを許されたい。図6は，1975年＝100の形の卸売物価（ないし生産者価格）ベースの実質為替レート指数（実線）と，GDPデフレーター・ベースの実質為替レート指数（点線）を，1952～2000年にわたって図示した結果である。いま仮に，1975年には何の為替割安（割高）も生じていなかった（1975＝100）と仮定すると，「75年以前」は一般にGDPベース，生産者価格ベースのいずれの試算を行うとしても，円は購買力平価タームでは割安であり，そして「76年以降」は3～4ヵ年の例外を除いて，その他の年は一般に著しく割高であったという結果になる。

しかし、いま世銀の「2000年」におけるPPPベースのクロス・セクションの試算を基礎にし、これを1965年まで、図6に示された時系列のGDPデフレーター・ベースの日米実質レートを利用して、過去に引き延ばしてみることにする。ここで図7に＊…＊…＊で示した結果は、世銀の「クロスセクション」の結果そのものである。ここで示された90年代の＊印の結果はGDPデフレーターによる「時系列」の割高度の推計にある程度対応していることが一応確認できそうである。この図7によると、大体プラザ合意の1985年あたりが、割高・割安度がゼロになる境界線であった感じを与える。その境界線が、図6にみる1975年の想定どおりか、それともそれより10年遅れた1985年になるかは、すべてこれ世界銀行のクロスセクションのPPPの推定の是非にかかる。ここでは、「神のみが知る」この謎に中国ならぬ日本を素材として、その一歩を踏み込んだままである。中国分析が一時日本分析に脱線してことを読者にお詫び申し上げねばならない。

ただ、以上の点は全く中国分析に無意味な脱線かといえば、私はそうは思わない。そこで中国分析に戻るために、さらに第2の脱線を試みる。一般に円高とか円安という場合には、2つの基準にもとづく全く異なる考え方がある。一つは「国際収支基準」であり、もう一つは「購買力平価基準」である。国際収支が「クロ」になれば、円が切り上げられ、「アカ」になれば切り下げられる傾向が生ずる。こうした国際収支基準からの観察はある意味で、短期的視点に立った分析視角である。しかし、「購買力平価基準」は、それとは違って、国際収支の「アカ」、「クロ」を問題にしない。むしろ、国と国との間に存在する相対価格差に比較して為替レートがどう開いているかを問題にする。したがって、国際収支基準からみて為替レート

図7 世銀PPPベースの為替割高度(2000年)をGDPデフレーターの日米相対価格指数で補外した結果

注:1.「商品輸出」の日米比率はそれぞれ通関ドルベースのものを使用。
2.GDPデフレーター・ベースによる円レートの対米割高(割安)度は出発点として、2000年の世銀調べによる円レートの割高度を利用し、これを1965年にまで延長推計した。
3.1990,93,94,97,99,2000年の＊…＊…＊は、それぞれ世銀推計の結果であり、参考のためこれを付記した。

が切り上げられねばならないような結論が出ても，購買力平価基準からみると，切下げが至当だという結論がいくらでも成立しうる。

現に，日本の経常収支はクロがずっと続いている。2000年度は12億4,000万USドルの黒字，2001年度は11億9,124万USドル，2002年度は13億3,371万USドルの黒字である。国際収支基準からみると，円はさらに切り上げられねばならぬという結論を導くことができる。しかし，景気対策からすれば，為替切下げによる輸出促進をはかれという声が出てくるが，そういう論者は経常収支クロの中で円切下げを主張しているわけだから，国際収支基準に反した議論をしていることになる。

PPPベースでは円高だが，しかもなお経常収支のクロが続いている現状をどう理解するか。日本だけではない。東アジアの多くの国では外貨準備が増大傾向をたどっている。2003年6月の外貨準備高を調べてみると，日本5,456億USドル，中国3,465億USドル，台湾1,767億USドル，韓国1,317億USドル，シンガポール866億USドル，香港は1,100億USドル。これらを合計すると，1兆3,971億USドルになる。中国が3,465億USドルと日本の6割の水準を超えるに至ったのは，人民元切下げによる輸出の増大と外国からの直接投資などの流入による。日本の外貨準備も2003年5月には遂に5,431億USドルとなった。日本その他東アジア諸国が一斉に外貨準備高を増加し続けているのは，一つはアメリカの2000年までの投資ブームによる対米輸出の増大効果であり，もう一つは中国の相対的に高い成長による対中国輸出増加という「所得効果」のためである。中国の実質GDPは1990〜2000年の間に実に2.62倍も増大した。アメリカはその間39％増だが，日本はその10年間にわずか13％増を示しただけだ。PPPベースは円高であっても，しかもなお

経常収支のクロが増加する秘密はここにある。

　PPPベースの高い円高は，いわゆる日本産業の空洞化の重要な背景となる。ただこの際，日本を含む東アジア諸国が協調してとるべき一つの方向が示唆される。すでに述べたが1兆ドルを超える外貨準備高を利用して，一種の「通貨決済機構」を結成し，ニクソンショック，プラザ合意のときに生じたようなドルの大幅切下げ（それぞれ360円→250円，240円→150円）の発生によるとんでもないキャピタル・ロスに対して，今後は対米防衛をはかることを考えねばならぬという時期かもしれない。あるいは，この1兆ドルを活用して，これを圏内の景気対策の資金にすることも考えるときかもしれない。

　このポイントは，依然として多くの人々の間で気づかれていない重要な問題点である。中国に対して，「空洞化」のみが論じられているが，中国の急角度の経済的拡大がもたらしたこの東アジア全域の外貨準備高の上昇結果は，いずれこれを積極的に利用すべきチャンスとなるかもしれない。

第2節　投資主導型だったか

1．投資／GDP比率を分析する

　中国ではGNPないしGDP推計が全面的に実施される以前から，「全社会固定資産投資」という統計が発表されて今日に至っている。この統計はGDP統計における「固定資本形成」とは必ずしも数字は等しくない。しかし，これは『中国統計年鑑』だけでなく各省の『統計年鑑』にも古くから必ず出ている統計である。それからは，一方「所有形態別」に国有経済，集体経済，個体経済，株式制経済，

外商投資経済,香港・マカオ・台湾のソース,その他に分けた計数が得られるだけでない。他方では基本建設,更新改造,不動産投資,その他に分類されたものも使用できる。またこれからは資金ソースによる分類(国内貸出,海外からの投資,自己資金)も得られる。したがって,私の今後の分析のことを考えて,設備投資／GDP比率の計算の場合には,GDP統計中の固定資本形成ではなしに,古くから発表されてきたこの「全社会固定資産投資」を手掛かりに分析したいと考える。

いま図8に,中国の年々の実質GDP成長率と,この固定資産投資／GDP比率を描いてみる。きわめて印象的なのは,成長率が,1985年に16.2%,1992年に14.2%と非常に大きな山を形造っているということである。その間,山から山まで7ヵ年である。他方,81年4.5%,90年3.8%で,谷と谷の間隔は9ヵ年である。ただ,その90年の谷に次ぐ谷は,2001年になるのか,もうすこしあとになるのかはまだわからない。けれども,10年はすでに経過している。これからみて,中国のような社会主義経済でも,どうやら7～10年といった中期の成長率循環が成立しているかにみえる。

この成長率の循環変動に対応して,その下方に固定資産投資／GDP比率を,全国,上海・江蘇・浙江,広東と描いてみる。この投資比率には1980年ごろの谷と1990年の谷との間に10年の経過がある。仮に広東をとると,86年の山から94年の山まで8ヵ年であり,上海・江蘇・浙江をとると,86年の山から96年の山まで10ヵ年である。日米や東アジア諸国で成立している7～10年の投資循環は,準社会主義の国,中国でも立派に成立していることがわかる。

かえって資本主義よりは,投資比率,成長率の上下の揺れが激しいようだ。この投資比率が中期的な成長率循環にほぼ対応した動き

図8　成長率と固定資産投資

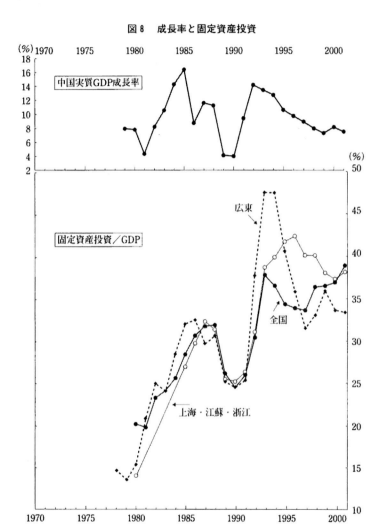

を示していることも興味深い。中国の経済循環はこの意味でかなり躍動的な中期的な投資循環の様相を呈して今日に至っているということができる。

しばしば，社会主義経済に発生するサイクルは"political cycle"だといわれることが多い。そう思って，成長率の第1の谷1981年を考えてみると，その年には華国鋒の失脚がある。そして第2の谷の前年89年には天安門事件が発生し，戒厳部隊が天安門広場で学生を実力排除している。趙紫陽は総書記を解任され，代わって江沢民が選任された。

1970～2001年の年々の成長率の平均は9.5％であった。しかも83～87年の5ヵ年間には，10％成長を超える年次は4ヵ年に達した。それに先立つ1980年には，「経済4倍増計画」が打ち出され，1980～2000年間に，工農生産額の4倍増が計画されていた。1984年には，沿岸都市の対外開放も企図され，85年には長江デルタ，珠江デルタ，閩南三角区が対外開放されたことが思い出される。ちょうど84年には，鄧小平は「一国二制度」の角度で香港問題を処理するといった。趙紫陽が「沿海地区経済発展戦略」を提起したのも，88年の1月であった。

1992～95年の時期にも，成長率が10％を超えた。鄧小平のいわゆる「南巡講話」が発表されたのも92年であった。彼は，武漢・深圳・珠海・上海などを視察し，改革と開放の実施を大胆に推進することを企図した。このとき以来，広東，上海周辺の地区には海外からの企業が続々と進出し，続く「世界の工場」化への前進の出発点となったということができる。

ただ，成長率は92年の14.2％をピークとして低下の方向を辿り，2001年には7.3％へと漸落していったが，これは朱鎔基が98年に首

相に就任した際に、国有企業の改革、金融制度の改革、行政改革などを掲げて、行き過ぎた拡大に伴うひずみの是正・整理・整頓に志向せざるをえなかったためかもしれない。中国では依然として7％の成長を続けているが、10％を超える時期に比べると、政策の志向する重点に次第にシフトがみられることはいなめない事実である。

こういうわけで、中国型社会主義体制の下でも、一方トップダウンの計画の下で企業赤字に頓着することなく拡大が行われる時期があるが、他方壁にぶつかったあとは、経済秩序の整理・整頓が行われるといった上下変動を辿る。そのためか、成長率循環・投資循環のスタイルは、自由経済の場合よりも大きな揺れを伴う傾向があったといえるかもしれない。この際、中期循環より小さな揺れはどこかに消えてしまうというのが、現実の姿だったようである。

2. 直接投資の流入と輸出増大

われわれは、すでに中国経済が輸出主導型の性格を有し、それには80年代半ば以降の為替切下げが重要な役割を演じてきたことを分析した。

しかし、他方では図8で中国経済が躍動的な投資比率の中期循環的拡大を伴ったことを知った。この意味では、中国経済は輸出主導型であると同時に投資主導型の性格を強く有していた。ところが、中国の場合には、この国内投資が"push effect"の形で輸出の拡大を惹起する側面を合わせ有していた。とりわけ、海外から流入する直接投資が国内の設備投資に入りこんで、その生産力拡大効果を通じて輸出をプッシュするという形になる場合が非常に多くなった。進出企業の造った製品は内需にふり向けられると同時に、海外にも大きく輸出されるというのが近年の姿だったからである。

「実際利用外資」という言葉が中国の統計の中に出てくる。そのうち,かなりの部分は「外商直接投資」という形で直ちに中国の設備投資の一部を形成したが,その他いろいろの資金形態で利用される外資もこの「実際利用外資」には含まれている。いまこの「実際利用外資」をGDPで割った比率を求めて図示する。これが図9である。まず中国全体の数字よりは広東,上海の数字が著しく大きくなっていることが注目される。たとえば,この全国の比率が一番大きくなったのが1994年の8.0%だったが,そのとき上海は17.4%,そして広東21.8%となって,上海・広東の数字は全国の数字を大きく上回っていたことが印象的である。

問題は,この「実際利用外資」のうち「外商直接投資」がどのくらいの比重を示し,その比率がどのような動き方を示しているかである。図10から,全国についても,また上海・江蘇,広東に分けた場合でも,90年代には大きくうねっていることがわかる。この比率が年によっていろいろ変化しているが,90年代には,60〜90%という高い比率を示している。つまり,「実際利用外資」のうち直接投資として工場や機械への投資にふり向けられる割合が90年代には非常に大きくなったということである。この実際利用外資のうちで直接投資を占める比率は,全国の1979〜84年平均では,17.8%にすぎなかったのが,1985年には37.2%,そして1995〜2000年平均値が74.5%となり,2001年には94.4%になった。一方上海では2001年にこの比率が59.6%だったのが,隣接する江蘇省では96.9%となった。上海の外側にある江蘇・浙江への重点シフトがここに見出される。他方,2001年には広東は82.3%という高さを示すに至った。広東でも,85年当時この比率は56.0%にすぎなかったから,総じて流入外資はますます設備投資として有効に使われるように変わったという

第1章 中国経済——輸出主導型かつ投資主導型　37

図9　「実際利用外資」の対GDP比率

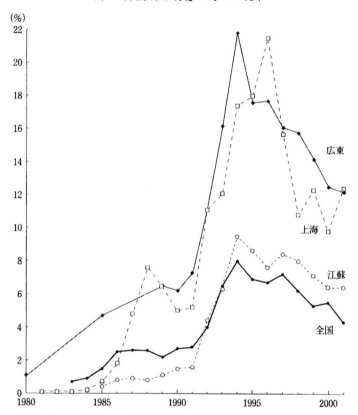

資料：『中国統計年鑑』,『上海統計年鑑』,『江蘇統計年鑑』,『広東統計年鑑』。
注：それぞれの省のGDPで「実際利用外資」を割って得たもの。実際利用外資はUSドル表示なので，そのときどきの為替ルートで人民元に換算した。

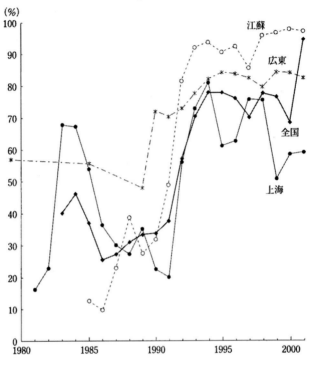

図10 「実際利用外資」中「外商直接投資」の割合

ことができる。

いずれにせよ、こうした動きを反映して、中国全体で、固定資産投資／GDP比率が、輸出／GDP比率と、どのような関連を示してきたかをさらに図11に描いてみる。そこでは比較的数字が大きい投資比率と、比較的数字が低い輸出比率を比較できるように目盛上の操作が行われている。投資が先か輸出が先かは結論がつきにくい。投資比率の87〜88年の山は、輸出比率の91〜92年の山に対して先行

図11 投資／GDP比率と輸出／GDP比率

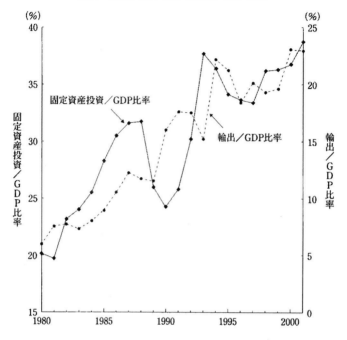

の観を呈しているが，93年以降は小きざみな変化は別として，両比率は同じ方向に動いているとみた方が適切であろう。

中国で大幅の為替切下げが行われたあと，一方輸出需要がそれによって刺激されたわけだが，同時に直接投資は円高の下で日本などから中国に向けて増大する傾向が生ずる。たとえば，超円高になれば日本から超人民元安になった中国へと，直接投資がふえるという結果になる。その意味では為替安の効果は，直接商品貿易経由で現れる（需要サイド）だけでなくて，間接に直接投資経由でも発生する。直接投資は中国の生産力を高めて，供給力増大を経由して輸出

増につながる(供給サイド)。しかし,この2つの場合とも,為替切下げに結びつくから,商品輸出需要の増大のみを分析対象にしたこの論文の最初の分析は,直接投資経由の輸出増加という形の供給サイド分析によって補完される必要があるというものである。

3. 工業における生産性と賃金

しばしば,国有企業の赤字増大が中国経済の発展に対して,将来致命的な打撃を与えるかもしれないという見方がある。しかし,い

図12　中国工業生産額に占める国有企業の比重

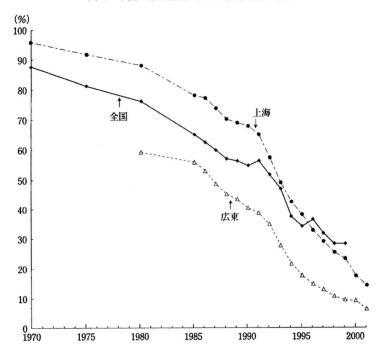

ま中国の工業生産額の中で、国有企業の生産額の占める割合を図12に描いてみる。全国的にみて、かつて1965年に90.1%、1970年に87.6%を占めた国有企業の工業生産額における比重は、80年76.0%、90年54.6%、95年34.0%、そして99年には28.2%へと、大幅の低下を示した。上海では2001年14.2%、そして広東ではその比重が同じ年には僅か6.2%への低下した。したがって、企業赤字・非能率という烙印を押されてきたこの国有企業も、あと10～15年の間には安楽往生するかもしれないという結論が案外単純なこの統計グラフから導かれないではない。とはいえ、国有株の放出が株式市場で株価低落という別の問題を惹起する可能性はもちろんある。

中国では現在は成長の伸びが純化したとはいえ、85～95年ごろには驚異的な拡大を示したといわれている「郷鎮企業」の生産額は一応注目に値する。これを全国の工業生産額と不変価格系列の形で対比してみよう（図13）。ただ郷鎮企業の数字は連続性という点で往々分析者を閉口させる統計である。とりわけ、『郷鎮企業統計年鑑』がそうである。したがって、工業生産額（不変価格）は『中国統計年鑑』、郷鎮企業生産額（不変価格）は『広東統計年鑑』のものをとって、両者を比較することにした。これには、全国と広東の相違があるにしても、両者から"over time"に何らかの比較を引き出すことができると考えた。郷鎮企業については、蘇南モデル（江蘇省南部）、広東モデル、温州モデルなどのパターンがしばし注目されるが、ここでは一応広東モデルで代表させることにする。

全国の実質工業生産額については、1971～81年の1970年価格系列と1981～88年の1980年価格系列は1981年においてほとんど差がないから、両者は連結して図示してもよいくらいである。他方、90年代については、90～97年間は「郷以上」のものが1990年価格で得られ

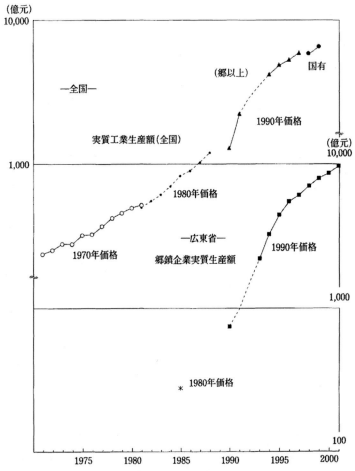

図13　工業生産額と郷鎮企業

資料：『中国統計年鑑』；中嶋誠一編著『中国長期経済統計』2002。

表11　広東省の郷鎮企業

	総産額（不変価格） （億元） A	総産額成長率 （%）	就業人数 （万人） B	労働生産性 （万元） C=(A/B)	Cの成長率 （%）
1978			194.56		
1980			204.89		
1985	174.85→(1980年価格)		401.45		
1990	730.34		658.33	110.94	
1993	2,202.01	44.3	915.51	240.52	29.4
1994	3,250.69	47.6	1,016.61	311.96	29.7
1995	4,438.24	36.5	1,072.11	413.97	32.7
1996	5,484.47	23.6	1,118.63	490.28	18.4
1997	6,083.82 (1990年価格)	10.9	1,005.94	604.79	23.4
1998	7,033.54	15.6	979.35	718.18	18.7
1999	7,934.34	12.8	1,001.20	792.48	10.3
2000	8,606.44	8.5	928.28	927.13	17.0
2001	9,736.83	13.1	955.37	1,019.16	9.9

資料：『広東統計年鑑』。
注：総産額には工業以外の生産額も含まれている。

るにとどまる。しかし，全体として，実質工業生産額の長期のトレンドはこれからつかめそうに思われる。

　郷鎮企業の実質生産額は，ここでは広東省だけなので残念な気がする。しかし，90年代は一貫して1990年価格の系列が得られる。ただ1980年価格表示の85年生産額とは連結しない。問題は，郷鎮企業のものはただ「総産額」と表示されているだけだから，工業以外のものも含まれていると考えられる点にある。

　ここでは傾斜が同じであれば，同じ成長速度を示す性質を有する「半対数表」で両者を図示した。これをみると，90年代に入ってから後半は成長速度は鈍化したといえ，郷鎮企業の拡大はめざましいものがあり，中国経済に対するその寄与は否定しがたいものがあっ

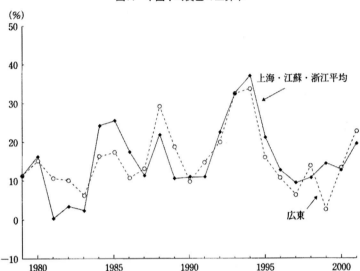

図14 中国平均賃金の上昇率

たと確実にいえる。その不変価格での成長率は表11の示すように,1990〜93年間は年率44.3%,94年は47.6%,95年は36.5%という驚異的な成長を遂げた。その表11には労働生産性の高い伸びも計算されている。農業も含む広東の郷鎮企業の労働生産性の伸びが,90年代前半で年率30%前後(表11右端)に達したということは驚異的というしかない。もし,この総産額から,農業などを除くことができたとすれば,工業分野の郷鎮企業生産額の成長テンポはさらに大きかったと推測できよう。

　国有企業の比重の減少と,この郷鎮企業の高い成長を考え合わせると,中国90年代の成長はトップ・ダウン的要素よりは,「ボトム・アップ的要素」が大きく,これが広東省などで造られた製品の多く

第1章 中国経済——輸出主導型かつ投資主導型　45

表12　工業生産額と賃金総額

(単位：億元, %)

	全国			上海			広東		
	工業生産額 A	賃金総額 B	B/A	工業生産額 A	賃金総額 B	B/A	工業生産額 A	賃金総額 B	B/A
1970	2,117	334	15.8	312	21	6.7			
1975	3,207	464	14.5	420	23	5.5			
1980	5,154	772	15.0	599	38	6.3	249	43	17.3
1985	9,716	1,383	14.2	863	69	8.0	535	89	16.6
1990	23,924	2,951	12.3	1,643	147	8.9	1,902	223	11.7
1995	91,894	8,100	8.8	5,350	441	8.2	8,850	734	8.3
1996	99,595	9,080	9.1	5,126	493	9.6	10,531	804	7.6
1997	113,733	9,405	8.3	5,650	510	9.0	12,373	858	6.9
1998	119,048	9,297	7.8	5,919	510	8.6	13,799	900	6.5
1999	126,111	9,876	7.8	6,213	584	9.4	15,303	971	6.3
2000	—	—	—	6,968	615	8.8	16,905	1,051	6.2
2001	—	—	—	7,657	678	8.9	18,910	1,161	6.1

資料：『中国統計年鑑』，『上海統計年鑑』，『広東統計年鑑』。
注：1．「全国」の工業生産額（2000年）は，2000年には売上年収が500万元以上の工業企業に限定されたため，1999年に連結しなくなった。
　　2．工業生産額と賃金総額は，別ソースの統計であるため，その比は正確に同一企業の賃金支払比率を示すとはいえない。しかし，ここでは両者とも工業の数字であるため，賃金支払額・生産額比率に類似の結果を示すものと想定して作表した。

が輸出増にふりむけられた重要な背景であったと考えられる。

90年代に入ってからの生産の拡大は急テンポであった。したがって，全国の平均賃金はたとえば1993年には24.3％，94年には34.6％の上昇率を示していたが，その同じ年には図14で示されるように，上海・江蘇・浙江ではそれぞれ32.5％，37.0％，そして広東では32.3％，33.6％の上昇を示した。図14でみると，2001年におけるこの2つの地域の賃金上昇率は再び大きくなっている（上海近辺19.1％，広東22.5％）。しかし，こうしたわりと高い賃金上昇率が時々生ず

るにもかかわらず，工業生産額に占める賃金総額の割合にはあまりはっきりした影響が生じないのは，結局労働生産性の上昇率が非常に高かったためと考えられる。私には，とりわけ海外からの直接投資の流入と，新技術の絶え間ない採用がこのような労働生産性の上昇を可能にし，賃金総額の対生産額比率を安定ないし押し下げる最大の背景となったということがいえる。

第3節 経済成長とインフレーション

以上，中国経済が輸出主導型成長と投資主導型成長の交錯の中で，通常の資本主義国以上に高度にダイナミックな中期的の循環的揺れを過去20〜30年間にわたって示してきたことを浮きぼりにすることができたかと考える。

ただ，その中でインフレーションがどのように展開し，また年々の成長率の起伏がどのようなスタイルを示したかという問題にタッチする仕事には，まだ触れることができなかった。以下，インフレ率と成長率の年々の動きを明らかにし，それが既出の中国経済の中期の投資循環と，どのような形で関連し合っていたかに興味を寄せることにしよう。結論を先取りしていえば，両者が著しい対応を示しているという事実を浮かび上がらせることができたと私は考える。いくつかの分析を引き出せるが，いまその一つ一つを辿っていきたい。

(1) 図15ではマネーサプライ（M_2），財政支出，賃金，物価（ここではGDPデフレーターでこれを代表させる）は，いずれもその変化率の山・谷が多少のズレを除けば，相互に対応して動いていることがわかる。しかも，一番下の方に比較のために描いた実質

第1章 中国経済——輸出主導型かつ投資主導型　47

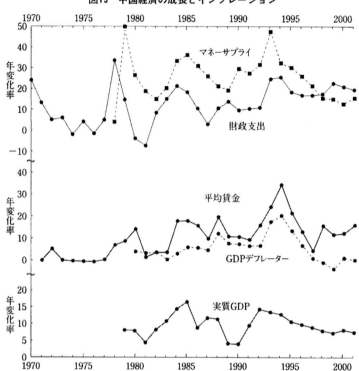

図15　中国経済の成長とインフレーション

GDPの成長率に対しても上下変動のスタイルがほぼ一致している。

(2) この実質GDP成長率の動きは，既出図8～9に示された固定資産投資，流入する直接投資，輸出などの中期的な変化率ともほぼ対応していたから，図8，9，15を通じて，変化の仕方は相互に均密に関連し合っていると判断をすることができる。

(3) 図8～9で見出された，これらの中期的投資循環が，もし図15の循環変動の根幹であるという仮説が成立しうるとすると，それ

がただ投資の揺れだけでなくて，物価・賃金の変化，さらにはその背後にある有効需要の変化にも強い関連をもっていたと考えることができる。

(4) 図15で設備投資以外の有効需要の総合指標として，いまマネーサプライ（M_2）と財政支出の年々の伸び率を観察してみると，90年代だけをとっても，財政支出の変化よりはマネーサプライの変化の度合いがはるかに大きかったことがわかる。

		1990	1993	1996	1999	2001
変化率	財政支出	9.2%	24.1	16.3	22.1	19.0
	マネーサプライ	28.9	46.7	25.3	14.7	15.0

ただ90年代最後の1999年以降は，マネーサプライの変化率は財政支出のそれより小さくなっているが，1990～96年間はマネーサプライの伸びが財政支出の伸びよりは桁はずれに高かった。いや，このマネーサプライの伸びの異常高という傾向は1980～90年と遡ったときにも一貫して成立していた（たとえば，1985年には財政支出の伸び17.8%，マネーサプライは35.5%）。現実には，設備投資を支える貸付資金の急増や，輸出増に伴って企業が保有する外貨が人民元に替えられる傾向が強まるために，マネーサプライの急増が生じたとみることができる。たしかに，80年代から90年代にかけて，財政赤字は急テンポで上昇した。しかし，財政赤字／財政支出比率の年平均は，1985～89年間3.5%，1990～94年間7.0%，1995～98年間7.3%であって，それほど高くはない。ただ1999～2001年平均には14.1%と急に高くなっている。しかし，投資ブームが大きくふくれ上がった90年代の半ばには財政赤字／財政支出比率は7％強にとどまっていた。したがって，当時は有効需要の急拡大は財政面よりは

民間投資に向けられた貸出の増大にあったと観察できそうである。

(5) いま中国の総有効需要を名目GDPで表し，総物価をGDPデフレーターで表示するものとする。ケインズは有効需要 D の変化が物価 P の変化にどのように影響しているかを示す指標として，$e_p\left(=\dfrac{dP}{P}\bigg/\dfrac{dD}{D}\right)$ という弾力性形式のものを使用したことがある。この e_p は

	1985	1990	1993	1996	2001
e_p	22.8%	74.2	58.0	41.0	0.0

という経過を辿っている。たしかに，1997〜2001年には e_p が急減しているが，投資ブームの頂点前後（1993〜96年）では有効需要の増加はその約半分ばかりが物価上昇に吸い込まれていたことが歴然としている（1993〜96年平均 e_p=53.6%）。したがって，中国ではインフレーションが悪性化したのではないにしても，成長がけっして，インフレと無縁であったわけではない。

(6) ケインズは e_p のほかに e_w という指標も用いている。いま賃金を W とすると，$e_w\left(=\dfrac{dW}{W}\bigg/\dfrac{dD}{D}\right)$ がこれである。これは有効需要の変化がどの程度賃上げに吸い込まれたかを示す指標である。その結果は，

	1985	1990	1993	1996	2001
e_w	71.6%	109.3	81.0	80.1	219.2

前述の e_p と同じ年次について試算してみると，以上のごとくになる。いま1985〜96年の12年間平均を求めると，e_w は81.8%となり，

e_p が50％あるいはそれ以下だったのと比較すると、e_w の値はきわめて大きい。中期的な投資ブームがいかに賃金上昇を引き起こしたかが、計数上も歴然としている。2001年に e_p が 0 ％に急減したが、e_w の方は219.2％へと逆に急上昇している。物価は頭打ちになったが、賃上げは持続して、賃金プッシュ・インフレに形が変わったということかもしれない。中国にいまデフレが始まっているといわれることがあるが、これは投資循環の下降とともに、$e_p<e_w$ の程度がこのようにひどく大きくなっている状況を反映しているのかもしれない。

したがって、既出第 1 節、第 2 節で浮かび上がらせた投資と輸出交錯の下で浮かび上がってきた投資・輸出の中期循環的なダイナミズムは、第 3 節で取り上げた成長率とインフレーションの揺れにも立派に対応したスタイルを示しているということができよう。

いま全国でみた賃金の上昇率と工場渡し価格の上昇率を次の 3 つの 5 ヵ年ごとに比較してみよう（『中国統計年鑑』）。

	1986～90年	1991～95年	1996～2000年
賃金上昇率	13.3%	21.1%	11.3%
工場渡し価格上昇率	9.9%	14.3%	−2.2%

明らかに賃金が平均21.1％も伸びた1991～95年の 5 ヵ年でも工場渡し価格の年平均上昇率が14.3％にとどまっているし、賃金の平均上昇率が11.3％の1996～2000年の時期には、工場渡し価格はむしろマイナス2.2％にとどまっていた。こういった現象はこの時期の急テンポの労働生産性の上昇なしには考えられない。ただ労働生産性を計算するといっても、分母を「従業者数」にとるか、「職工数」にとるかでかなりの相違が生ずるので、ここではその計算に立ち入

ることは断念させていただいた。

第2章 輸出・直接投資と香港

第1節 輸出と香港

1. 輸出に占める長江デルタ圏と珠江デルタ圏

いま図16に,輸出/GDP比率を,全国,上海・江蘇・浙江,広東に分けて図示しよう。近い将来,上海・江蘇・浙江の「長江デルタ圏」と,「広東・香港」を含む華南経済圏(ないし珠江デルタ圏)のいずれが相対的に大きく伸びるかという問題を考察する場合には,この分け方は重要な意味をもつかもしれない。所詮このような将来の問題は非常に解釈が困難である。けれども,過去20～30年の間にどのような経過を辿ってきたかを確認し,そのトレンドを念頭に入れておくことは将来の問題の判断にも重要といわざるをえない。ここで特にこの2つに地域を問題にすることは,いわば分析上の戦略によるものである。

一方,広東のGDPでその輸出額を割った比率は,図16が示すように90年代には非常に高くなった。1970年9.8%,80年13.2%,85年15.1%だったが,90年68.2%,95年82.4%,そして2001年には74.2%と,90年代に入ってからの上昇とその高さは特に顕著となった。他方,同じ比率を上海について求めると,90年33.5%,95年39.0%,2001年46.2%と,これもかなりの高さだが,その高さは,

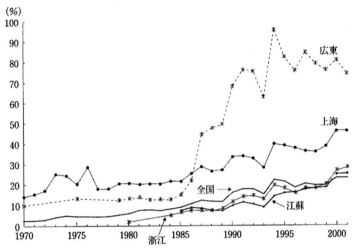

図16 輸出／GDP比率（全国, 上海・江蘇・浙江, 広東）

資料：『中国統計年鑑』,『上海統計年鑑』,『広東統計年鑑』,『江蘇統計年鑑』,『浙江統計年鑑』。
注：1. 上海・江蘇・広東の輸出比率の計算にあたっては，それぞれ「各省のGDP」を分母にした。
　　2. 輸出はUSドル単位の金額を対米為替レートで人民元単位に換算した。

広東よりはかなり低めになる。しかし，上海の周辺にある江蘇，浙江は2001年において，それぞれ25.1％，28.0％と上昇し，この上海・江蘇・浙江を合わせ輸出／GDP比率は31.0％となった。

中国全体の輸出／GDP比率は2001年には23.0％である。これが「上海圏」の31.0％，「広東」の74.2％よりは低いということは，逆にいえば，この2つの地域の輸出が対外輸出総額の中で，際立った比重，上海圏29.9％，広東35.8％を占めていることと表裏している結果だといわねばならない。

いま，図17に中国の総輸出に占める広東と上海・江蘇・浙江の比重の変化を描いてみる。興味深いことは，この2つの地域の輸出構

図17　中国総輸出に占める「広東・香港」と「上海・江蘇・浙江」の比重の変化

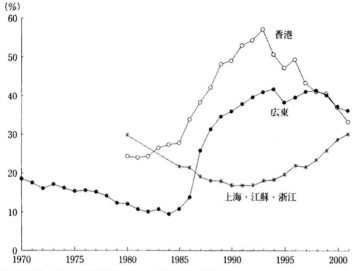

注:「香港」のみは，香港側発表のデータを基礎にして計算した。

成比が意外と思われるくらいの大きなうねりを示していることだ。広東の輸出構成比は，図にみるように，1980〜85年ごろはわずか10％強であるにすぎなかった。それが，1992〜99年の時期には40％前後という高い比重に上昇した。上海・江蘇・浙江は1980年には29.8％という構成比だったが，1990〜92年には16.7％となり，その後構成比は上向いて2001年には30％に向けて上昇を示す。この長江デルタ圏の輸出構成比の上向きの傾向が，近い将来頭打ちになった広東の比重の低下とクロスする時期が来るかもしれない。それがいつになるかは，議論の存するところかもしれない。しかし，上海 vs 広東，この二大地域が両方とも中国の将来の輸出をリードするという役割を強く果たすようになることは否定できない事実である。統計

的にもいまやくっきりと,その姿を呈示するに至ったということができよう。

図17では,総輸出に占める対香港向け輸出も関連して描かれている。これが広東ときわめて似通った揺れ方を示していることは広東と香港の関連を示すものとして興味深い。ただこの香港の動きは,中国データをそのまま使って％の変化を計算した結果ではない。そうではなしに,香港側が香港ドル単位で発表した対中国輸入を,為替レートで換算して導いた結果なのである。ただ中国側発表の計数を用いると,中国側の操作のために,香港の中国本土からの輸入には1993年以降非常に大きな「段落差」が発生し,不連続となっている。そこで,この段落差を回避するために,ここでは香港側のデータを使用したと理解していただきたい。しかし,その場合のテクニカルな問題点は,本章第2節で詳しく取り上げるから,ここではただこれに触れておく程度にとどめたい。

2. 直接投資と輸出からみた香港

わりと注目されていなかった一つの問題点がある。それは,中国への直接投資の中で香港が過去において示してきた割合がきわめて大きかったということである。表13をみると,中国に流入するいわゆる「外商直接投資」の中で,香港から流入する割合が,1990年に56.5％,それが2000年には35.3％,2001年には36.1％と低下したとはいえ,依然として1/3以上のシェアを有していることがわかる。2001年において,イギリス,アメリカ,ドイツ合わせて13.7％,日本が9.1％,台湾,韓国,シンガポールが合わせて15.4％であるのに対比すると,香港のシェアは桁が違うというほかない。もちろん,香港に拠点をもつ台湾や日本やアメリカの企業による直接投資もこ

第2章 輸出・直接投資と香港

表13 中国に流入する「外商直接投資」(主要投資国別統計)

(単位：億USドル，( )内%)

	香 港	日 本	シンガポール・台湾・韓国	イギリス・アメリカ・ドイツ	その他とも計
1990	21.2 (56.5)	5.2 (13.9)	2.7 (7.2)	4.8 (12.8)	37.5 (100.0)
1992	77.1 (68.3)	7.5 (6.6)	12.9 (11.4)	5.6 (5.0)	112.9 (100.0)
1994	198.2 (58.4)	20.9 (6.2)	53.0 (15.6)	35.7 (10.5)	339.5 (100.0)
1996	208.5 (49.5)	36.9 (8.8)	64.8 (15.4)	52.6 (12.5)	421.4 (100.0)
1998	194.0 (40.8)	34.4 (7.2)	82.5 (17.3)	60.8 (12.8)	475.6 (100.0)
2000	174.0 (35.3)	30.6 (6.2)	62.0 (12.6)	65.9 (13.4)	493.6 (100.0)
2001	179.4 (36.1)	45.1 (9.1)	76.7 (15.4)	68.0 (13.7)	496.7 (100.0)

資料：『中国統計年鑑』。
注　：この「外商直接投資」には若干の「その他投資」が含められている。この点，既出図10のこれを除いて行った分析の場合と計数にはわずかな相違がある。

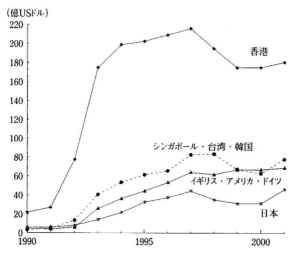

図18　中国に流入する「外商直接投資」(投資国別)

の「香港」には含まれよう。ただそうだとすると、中国は「国際金融センター香港」に大きく依存して発展した経済というほかない。かくて、中国がこの直接投資の利用という側面で、香港に負うこときわめて大であったという事実は統計的にも歴然としているといわねばならない。

しかし、国際金融センター香港は、同時に世界でももっとも自由な貿易港でもあった。表14は、『中国統計年鑑』によって中国の商品輸出の相手国別にみた輸出構成比を示す。輸出における香港の比重は、1980年24.3％、85年26.3％であった。その昔、私は1970～80年にわたって、中国の商品輸出の中で香港の割合が20～25％の範囲にあることを示した統計表にぶつかったことがある。それがアジア経済研究所から出された資料であって、表15に示される。この表14、15、2つの資料によると中国輸出に占める香港の比重は1970～73年間平均25.0％、1974～80年間平均が22.5％である。当時香港の比重は、社会主義中国でも22～25％と随分高いという印象をうけたが、表14ではこの香港の比重が1990年に43.0％、92年に44.2％に到達したというのだから、私はさらに強い印象をうけざるをえなかった。

ただ、表14でみると、92年を境にして、その後香港の比重は急角度に低下し、2001年には17.5％へと急落している。しかし、私は93年以降中国側が特別の操作を加えたために、この不連続が発生したのだ、と考えている。

この点を除けば、1990年代に香港の輸出構成比が1970～80年代の20～25％を大きく超えて、40数％にまで拡大したという特異な現象が浮上する。香港はその意味で、90年代には直接投資・輸出両面で、中国経済に対して、非常に大きな役割を果たした拠点となったと考えることができる。

第2章 輸出・直接投資と香港　59

表14　中国輸出の相手国別構成

(単位:億USドル、( )内%)

	輸出総額		対アメリカ		対日本		対台湾	
1980	181	(100.0)	10	(5.5)	40	(22.1)		
1982	223	(100.0)	16	(7.2)	49	(22.0)		
1985	274	(100.0)	23	(8.4)	61	(22.3)		
1988	475	(100.0)	34	(7.2)	79	(16.6)		
1990	621	(100.0)	52	(8.4)	90	(14.5)	3	(0.5)
1992	849	(100.0)	86	(10.1)	117	(13.8)	7	(0.8)
1995	1,488	(100.0)	247	(16.6)	285	(19.2)	31	(2.1)
1996	1,511	(100.0)	267	(17.7)	309	(20.5)	28	(1.9)
1997	1,828	(100.0)	327	(17.9)	318	(17.4)	34	(1.9)
1998	1,837	(100.0)	379	(20.6)	297	(16.2)	39	(2.1)
1999	1,949	(100.0)	419	(21.5)	324	(16.6)	39	(2.0)
2000	2,492	(100.0)	521	(20.9)	417	(16.7)	50	(2.0)
2001	2,662	(100.0)	543	(20.4)	450	(16.9)	50	(1.9)

	対韓国		対ASEAN4		対ヨーロッパ		対香港	
1980			17	(9.4)	27	(14.9)	44	(24.3)
1982							50	(22.4)
1985							72	(26.3)
1988							183	(38.5)
1990	13	(2.1)	37	(6.0)	93	(15.0)	267	(43.0)
1992	24	(2.8)	43	(5.1)	114	(13.4)	375	(44.2)
1995	67	(4.5)	90	(6.0)	230	(15.5)	460	(30.9)
1996	75	(5.0)	88	(5.8)	239	(15.8)	329	(21.8)
1997	91	(5.0)	109	(6.0)	290	(15.9)	438	(24.0)
1998	63	(3.4)	95	(5.2)	334	(18.2)	387	(21.1)
1999	78	(4.0)	108	(5.5)	355	(18.2)	369	(18.9)
2000	113	(4.5)	151	(6.1)	455	(18.3)	445	(17.9)
2001	125	(4.7)	159	(6.0)	492	(18.5)	465	(17.5)

資料:『中国統計年鑑』。
注:この対香港は中国側の発表数字である。しかし、1992年に「香港の処理」に大改訂があったため、1993年以降と「不連続」になっている。本章第2節では、この点が分析されることになる。対ASEAN4はここではシンガポールを除いている。

表15　中国輸出に占める香港の比重（1970〜80年）

（単位：100万USドル，%）

	総輸出 A	対香港輸出 B	B/A
1970	1,680	425	25.3
1971	1,959	499	25.5
1972	2,477	622	25.1
1973	4,099	994	24.2
1974	5,318	1,082	20.3
1975	5,774	1,248	21.6
1976	6,085	1,448	23.8
1977	6,881	1,578	22.9
1978	8,803	2,045	23.2
1979	12,260	2,746	22.4
1980	17,309	4,001	23.1

資料：アジア経済研究所『中国経済・貿易主要統計表』，1982年3月。
注：これは IMF, *Direction of Trade Statistics* にもとづくものであり，『中国統計年鑑』による結果とは必ずしも一致しない。

第2節　1993年以降中国の対香港輸出入統計にみられる「段落差」について

　この第2節で取り上げられる問題はかなりテクニカルな問題なので一般読者はこれを省かれて先に進まれた方がよいかもしれない。しかし，私自身にとっては，中国と香港との間のかなり重要な問題点の一つなので，これを省略しないことにした。

　表16をみていただきたい。そこには，まず「香港側発表」の「香港の対中国輸入」の計数(A)がある。もとは HK ドル表示なので，これを対中国本土為替レート(B)で割って，US ドル表示の金額(C)に換算している。他方，「中国本土の対香港輸出」(D)という

第2章 輸出・直接投資と香港

表16 中国・香港間の不整合：中国の対香港輸出について

	香港の対中国輸入 (10億HKドル) A	為替レート (HKドル/USドル) B	A/B (100万USドル) C	中国の対香港輸出 (中国側発表) (100万USドル) D	D/C E	C−D (100万USドル) F	F×B (10億HKドル) G	「中国原産品再輸出」マイナス「対中国再輸出(仕向地ベース)」 (10億HKドル)
1980	21.9	4.976	4,401	4,392	0.998	9	0.4	3.8
1981	29.5	5.589	5,278	5,384	1.020	−106	−0.6	4.8
1982	32.9	6.070	5,420	5,287	0.975	133	0.8	6.7
1983	42.8	7.273	5,885	5,833	0.991	52	0.4	7.5
1984	55.8	7.818	7,137	6,912	0.968	225	1.8	0.0
1985	59.0	7.791	7,573	7,204	0.951	369	2.9	−11.4
1986	81.6	7.803	10,458	9,785	0.936	673	5.3	10.7
1987	117.4	7.798	15,055	13,778	0.915	1,277	10.0	24.1
1988	155.6	7.806	19,933	18,267	0.916	1,666	13.0	36.6
1989	196.7	7.800	25,218	21,916	0.869	3,302	25.8	84.8
1990	236.1	7.790	30,308	26,650	0.879	3,658	28.5	129.5
1991	293.4	7.771	37,756	32,137	0.851	5,619	43.7	162.4
1992	354.3	7.741	45,769	37,512	0.820	8,257	63.9	191.7
1993	402.2	7.730	52,031	22,050	0.424	29,981	231.8	199.4
1994	470.9	7.728	60,934	32,365	0.531	28,569	220.8	223.0
1995	539.5	7.736	69,739	35,984	0.516	33,755	261.1	252.4
1996	570.4	7.734	73,752	32,906	0.446	40,846	315.9	265.7
1997	608.4	7.742	78,584	43,781	0.557	34,803	269.4	279.5
1998	580.6	7.745	74,964	38,753	0.517	36,211	280.5	283.8
1999	607.5	7.758	78,306	36,863	0.471	41,443	321.5	320.9
2000	715.0	7.791	91,773	44,520	0.485	47,253	368.1	311.8
2001	682.0	7.799	87,447	46,547	0.532	40,900	319.0	351.8

注：1番右の欄については、統計付表9を参照されたい。

かたちの「中国側発表」の計数も出ている。多少の誤差を除けば,この両者はほぼ一致することが期待してよいはずだ。しかし,上述DとCを比較して〔D/C〕をE欄に書くと,この比率は,1980年0.998,85年0.951,そして1992年0.820である。1980～92年間の〔D/C〕の13ヵ年平均は0.930となり,香港側・中国本土側の発表は大差ないと判断が成立する。しかし,1993年以降,この〔D/C〕＝Eの比率は大幅にダウンする。93年0.424,96年0.446,97年0.557,99年0.471,そして2001年0.532となる。1993～2001年のEの9ヵ年平均値は0.498となる。1980～92年間の平均誤差率0.930は,1993～2001年には0.498と急減するわけだ。これを〔C－D〕＝Fの形に計算し直しても,2つの期間にみられる「絶対差」はきわめて明瞭である。私は,「中国本土の香港からの輸入」についても,類似の計算を試みたが,同じように,両側の計数には,1992～93年の間に突然大きな変化が発生し,両側の発表する本来同一であるべき統計数字にはっきりした「段落差」が生じていることが判明した。

　私自身は,最初このポイントを小島麗逸氏から教わった。しかし,どうやら,この問題点はかつての「通商白書」の執筆者の間でも,認識されていたようだし,アジア経済研究所の小島末夫氏などの研究諸成果の中でも十分に意識されていた。さらに,Lawrence R. Klein and Shinichi Ichimura, *Econometric Modelling of China*, 2000 中に収められている Chapter 3, "Outline of the PAIR China-Hong Kong Link Model" (So Umezaki) もこの点に気づいて,香港データからのアプローチに切り替えている。さらに,IMF, *Balance of Payments Manual* も,1992～93年間に発生したこの喰い違いを明確に認識していることがあとでわかった。

　問題は,これをどう受け止めたらよいかということである。

私は,たまたま拙稿『香港経由の "Triangular Trade" の構造をさぐる』(NIRA,2002年5月),付表「香港からの再輸出——原産地別再輸出 vs 仕向地別再輸出 I」p.115 で,「中国の原産地品再輸出」("re-exports by main origin") A と「対中国再輸出(仕向地ベース)」("re-exports by main destination") B を比較して,(A－B)を出している(本書では統計付表9を参照)。不思議なことに,この1993～2001年間の(A－B)を本書の表16右端に掲げて,これまで説明してきた不整合値 G(HKドルに換算)と比較すると,両者は驚くほど一致している。この9ヵ年のGの合計値2,587.9と,この(A－B)の9ヵ年合計値2,537.2は,びっくりするほどの合致を示す。1993年と2001年が多少違っているが,その他の7ヵ年間は全く近似している。

ところで,もし対香港中国輸出の計数を,こうした「中国原産品再輸出」マイナス「対中国再輸出(仕向地ベース)」によって,中国側が調整したのだとすれば,次の問題が発生する。中国側がもし香港経由での「中国原産品再輸出」のうち,再び「対中国再輸出(仕向地ベース)」の形で中国に戻って来る部分を控除し,残りを香港経由ではなくて,あたかもアメリカや日本に直接中国から輸出したかのように処理したいということであれば,その意図だけは理解できないことはない。しかし そこで用いられている「対中国再輸出(仕向地ベース)」は,中国が香港へ再輸出したものの中から中国に戻っていくものだけを指すわけではない。実際には,アメリカや日本から香港に入りこみ,中国に再輸出される部分までを含んでいるから過大といわざるをえない。

実のところ,2000年という時点で,香港が中国から輸入し,そのうち再びその中国原産地品を中国に再輸出する金額は897億HKド

表17 戴二彪氏による説明

(単位:10億HKドル)

	両側の統計差 A	中国原産地品の再輸出 B	輸出マージンの除法 (B÷1.33) C	香港の対中国「加工輸入」 D	Cの2分の1 E	段落差の説明 C−E
1993	231.8	474.0	356.4	295.0	147.5	208.9
1994	220.8	545.8	410.4	354.9	177.5	232.9
1995	261.1	636.4	478.5	399.6	199.8	278.7
1996	315.9	683.5	513.9	452.9	226.4	287.5
1997	269.4	723.4	543.9	491.1	245.6	298.3
1998	280.5	691.2	519.7	477.7	238.9	280.8
1999	321.3	720.1	541.4	487.5	243.7	297.7
2000	368.1	849.5	638.7	567.0	283.5	355.2

注:戴二彪氏からの書信による。このうち「中国原産地品の再輸出」は私の把握とは完全に一致している。「香港の対中国加工輸入」の計数もそうである。

ルにすぎない。しかし,上述の「中国原産地品再輸出」マイナス「対中国再輸出(仕向地ベース)」における控除項目の金額は4,888億HKドルで5.4倍も大きい。その4,888億HKドルの中には,アメリカや日本などの諸外国から流入して中国本土に再輸出される分も含まれているから,明らかにその使用は不合理かつ過大といわざるをえない。これが当初私が抱いた疑念である。これは中国側の統計的処理が不適切だったのではないかという問題提起である。

ところが,その後私はICSEAD(国際東アジア研究センター)のセミナーで報告の機会に恵まれた際,ICSEADの上級研究員の戴二彪氏から次のようなこれとは別箇の解釈が提出された。実際,中国国家統計局のスタッフからも説明を聞いておられるようなので,基本的には表16の結果はほぼ中国側の見解と考えて差し支えなさそうである。ただ表17の「1.33」とか「2分の1」という想定は多少ともそのとおりではないかもしれない。要するに,香港の貿易統計

で表示された「中国原産地品の再輸出」からは香港に入ってから香港で付け加えられた約33％のマージンが除去されねばならない。次に，香港の中国からの「加工輸入」(outward processing) の約半分が第三国輸出になると想定されているからこれも除外する。そうすると，ほぼ「段落差」の説明がつくというわけである。私のように中国側のミスときめつけての批判は行き過ぎであることがわかった。ただ，表17で想定されているように，現実にはマージン率は固定的でない。特に，不況の中でも賃金はなかなか下がらないからマージン率は最近は1.33をかなり割るという事態も発生しているであろう。「香港の中国からの加工輸入」の1/2が第三国への再輸出という想定も問題を残す。貿易統計の発表の前に，その計数に以上のような操作を加えることも，国際的には全く異例の措置である。われわれとしては，中国本土・香港間の経済的分析を行うには，中国・香港両側の計数をにらんでの分析が必要だというのが，ここでの結論である。ただ実際は，1.33，1/2という比率でがなくて，年々の現実の比率が利用されているのだと判断すべきかもしれない。

　輸出側の「段落差」については以上のように追究してみたわけだが，ただ輸入側の「段落差」については，残念ながら，私は依然ノータッチであることを報告しておかねばならない。

第3章　広東と一体化する香港

第1節　香港経済の概説

　香港の主権は1997年に中国に返還され，それ以来「香港特別行政区」と呼ばれるようになった。それは，(1)香港島（80.28平方キロ）と，(2)九龍半島の先端部（46.85平方キロ），(3)新界（九龍半島の大部分），ランタオ島，その他の島嶼（970.99平方キロ）の3部分からなる。以上のうち，(1)と(2)は19世紀半ばごろイギリスに「割譲」されたものであり，"crown land"と称されてきた。しかし新界その他の島嶼は1896年6月の「租借条約」によって，1898年7月1日から1997年6月30日まで，イギリスがこれを「租借」したものである。「割譲」と「租借」とは全く異なる。しかし，新界と九龍半島先端部・香港は今日では経済的には全く不可分である。たとえば現在は新界から香港島に通勤する人も膨大な数にのぼる。だから，新界のみが九龍，香港島と別の運命を辿ることは考えられなかった。

　この香港はシンガポールと同じように，"small economy"ではあるが，しかし"rich economy"である。1人当りGDPは，2000年には23,918USドルであり，台湾13,985USドル，韓国9,673USドルよりははるかに高く，2倍前後である。世銀が出している2000年ベースの購買力平価（アメリカの34,260USドルのGNI－国民総

図19 香港の地図（香港島・九龍・新界など）

所得一）が基準になる計算だと，日本26,460USドルに対して，香港は25,660USドルとなるから，大差ない。"small, but rich economy"といってよい根拠はここにある。

ただ工業化の過程を辿ったふつうの後発工業国とは違って，むしろ貿易，運輸，金融・保険などにリードされて発展した経済だということができる。

いくつかの特徴をあげてみよう。第1は，世界でも，4～5位ぐらいの「国際金融センター」だということだ。表18は，Y. C. ジャオ氏の推定結果を要約したものである。たしかに，外国銀行数では世界第2位だが，それは香港には代表事務所的なものが多いためで

表18 国際金融センター香港の世界ランキング

順位をはかる指標	香港の世界ランキング	より高位にある都市ないし国家
銀行業務		
外国銀行数	2位	ロンドン1位.
預金銀行の対外債務	4位	イギリス1位, 日本2位, アメリカ3位.
預金銀行の対外債務	5位	イギリス1位, アメリカ2位, 日本3位, フランス4位.
外国為替市場		
ネットの1日の出来高	5位	イギリス1位, アメリカ2位, 日本3位, シンガポール4位.
デリバティブ市場		
ネットの1日の外為契約出来高	5位	イギリス1位, アメリカ2位, 日本3位, シンガポール4位.
株式市場		
市場の時価総額	9位	アメリカ1位, 日本2位, イギリス3位, ドイツ4位, フランス5位, スイス6位, カナダ7位, オランダ8位.
株式出来高総額	11位	アメリカ1位, 日本2位, ドイツ3位, イギリス4位, フランス5位, 台湾6位, スイス7位, オランダ8位, 韓国9位, カナダ10位.

資料：Y.C.ジャオ著（山本栄治訳）『国際金融センター香港』, 東洋経済新報社, 1998年。この表は, 同書の表4-4, 4-5, 4-6, 4-10, 4-13, 4-14, 4-24の結果をとりまとめたもの。
注：1994〜95年の計数である。

あろう。しかし, 預金銀行の対外債権では4位, その対外債務では5位, デリバティブ市場のネットの1日の外為契約出来高では5位, 株式市場の指標では9〜11位にある。しかし, 全体として5位前後とみることができるかもしれない。しかも, アジアでは東京に次ぐ国際金融センターだと考えた方がよさそうである。

中国本土に流入する「外商直接投資」の国別構成比を調べてみると（既出表13），1990〜2001年の平均は香港が50.0%, 日本が8.3%, アメリカが8.2%, 台湾が7.9%, シンガポール3.6%であり, 香港が最高であることがわかる。中国は, 直接投資の資金流入という側面では, 圧倒的に香港に負うところ大である。

第2に、香港は世界でも最高の「自由貿易港」だということだ。

(1) 積極的非介入の「自由企業制度」が確立し、地場企業と外国企業は無差別である。資本取引規制や外国為替管理は一切ない。外国通貨との交換は一切フリーである。「内国民待遇」、つまりあらゆる国からの輸入には国内と同一程度の輸入制限を保障するといったシステムでは、世界で香港ほど一貫した国はない。

(2) 税率は国際的には非常に低い。企業ならびに個人所得に対する標準税率が15％であり、法人所得にはそれに1.5％上乗せした形になっている。しかも、源泉主義が貫かれ、総合所得税のシステムはない。配当・利子所得・キャピタルゲイン課税もない。

(3) 原則的には財政赤字はない。公共支出の対 GDP 比率は10～12％前後であり、国際的には低位である。むしろ、長い間には財政黒字が蓄積されてきたといえる。

(4) 高度に訓練された専門労働力が数多く存在し、情報の自由な流通、英語の公用語としての使用、効率的な国際金融インフラ、たとえていえば集中決済機構 (CMU) などへの努力は休みなく続けられている。

(5) 香港経済のもう一つの特徴は、かなり厳格に HK ドルを対米ペッグし続けているということである。これには、たんなる固定相場制を超えるものがあり、いわゆる「カレンシーボード制」(currency board system) の形をとった固定制なのである。それはたんなる固定相場制という場合よりは、はるかに強く準備通貨に釘付けされている制度である。第1に、準備通貨への交換比率は法律で決められている。この点で、固定レート制一般よりは変更が容易でない。そこでは、準備通貨への完全兌換性 (full convertibility) も無制限に保証されている。第2に、このカレンシーボード制では、

安全性が高く、金利の得られる準備通貨建て資産に投資されることになっている (seigniorage)。第3に、カレンシーボード保有の外貨準備は市中流通のベースマネーに等しいか、それを上回ることが法律によって義務づけられている。第4に、この制度の下では、外貨準備が十分に保有されるため、国際収支の黒字を持続させる必要がある。第5に、この制度の下では、外為市場への介入や不胎化政策の実施もきびしく制限されている。

香港の場合、1935～41年、1945～72年の間はイギリス・ポンドにペッグされていたが、1983年以降は1USドル＝7.8 HKドルという形のカレンシーボード制の下にあり、現在はベースマネーがUSドル建て資産で105％以上カバーされる形になっている。

国際金融センター香港の評価にあたって、このカレンシーボード制が取引相手国に与える便宜を過小評価してはならないと思われる（以上のカレンシーボード制の叙述は白井早由里氏の『カレンシーボードの経済学』（日本評論社、2000年）に負うている）。

近年中国経済との関連はますます緊密になっており、一方社会主義的（？）な経済と、他方超自由主義的な経済が、「一国二制度」という形で共存し、それがかえって中国の強みとなっている。香港は中国の「総合商社」だと性格づける人もいるが、そのとおりといわねばならない。

第2節　香港貿易のマクロ的スケッチ

"small, but rich economy" である香港が、商品の輸出という点で、この20年間どのようなパフォーマンスを辿ってきたか、そのマクロ的なスケッチを試みておきたい。このような小さな経済が拡大

表19 中継貿易港・香港（高い貿易依存度）

(単位：10億HKドル)

	GDP A	商品輸出(FOB) B	商品輸入(CIF) C	B/A(%)	C/A(%)
1980	142.2	98.3	111.7	69.1	78.6
1981	171.2	122.1	138.4	71.3	80.8
1982	193.1	127.4	142.9	66.0	74.0
1983	213.5	160.7	175.4	75.3	82.2
1984	257.5	221.4	223.4	86.0	86.8
1985	272.9	235.2	231.4	86.2	84.8
1986	314.0	276.5	276.0	88.1	87.9
1987	386.3	378.0	377.9	97.9	97.8
1988	457.2	493.1	498.8	107.9	109.1
1989	527.1	570.5	562.8	108.2	106.8
1990	587.6	639.9	642.5	108.9	109.3
1991	677.2	765.8	779.0	113.1	115.0
1992	791.3	925.0	955.3	116.9	120.7
1993	912.8	1,046.2	1,072.6	114.6	117.5
1994	1,029.8	1,170.0	1,250.7	113.6	121.5
1995	1,096.2	1,344.1	1,491.1	122.6	136.0
1996	1,210.9	1,397.9	1,535.6	115.4	126.8
1997	1,344.5	1,455.9	1,615.1	108.3	120.1
1998	1,279.9	1,347.6	1,429.1	108.1	111.7
1999	1,246.1	1,349.0	1,392.7	105.3	111.8
2000	1,288.3	1,572.7	1,658.8	122.1	128.8
2001	1,279.0	1,481.0	1,568.2	115.8	122.6

資料：Hong Kong Census and Statistics Department, *Special Report on Gross Domestic Product*, August 2002; *Hong Kong External Trade*, December issues.
注：最近国民所得統計が1961年に遡って大改訂された。

していくためには，どうしても輸出および輸入が巨額なものとなり，それぞれがGDPに比肩されるような大きなスケールのものにならざるをえない。この点をまず確認しておきたい。

表19は香港の名目GDPと通関統計の商品輸出入額（それぞれFOB，CIF表示）をHKドル単位のものどうしで比較したものであ

る。明らかに，1980年代後半以降，GDPより輸出入それぞれの金額が次第に大きくなっている。その結果，輸出／GDP比率は，80年69.1％，85年86.2％，90年108.9％，95年122.6％，そして2000年122.1％という具合に急テンポで増大過程を辿ってきたことがわかる。同じように，輸入依存率も，80年78.6％，85年84.8％，90年109.3％，95年136.0％，そして2000年には128.8％という経路を辿る。その結果，この20年間に，GDPは9.06倍，輸出は16.0倍，輸入は14.9倍，という伸びを示したことになる。輸出入それぞれの大きさは1988年以降，GDP以上の金額に転ずるが，と同時に輸出入ともGDP以上の速度で一貫して上昇過程を辿ったことに注目しておきたい。ただ，1982年の銀行危機，1997年のタイから始まった通貨危機，香港返還のときだけは，輸出入／GDP比率の増大テンポが頭打ちになったが，その時期を除けば，この比率の上昇トレンドは一貫したものであったことがわかる。

ただ表19の場合，輸出入は通関統計における商品輸出入である。しかし，香港の場合，「サービス貿易」も商品貿易以上の重要性をもっている。いま表20によって新国民所得統計（2002年改訂）でこれをチェックすると，総輸出に占めるサービス輸出の比重は2000年には16.8％（＝317.6／(317.6＋1,572.7)）に達する。しかもサービス輸出入の差額は1980年の86億HKドルから，2000年には1,261億HKドルへと，14.7倍という急激な伸びを示している。しかも，商品の輸出入差額はおおむねマイナスの数値を浮動させてきたのに対して，サービス輸出入差額はプラスである。しかも，そのプラスの数字はかなりの上昇トレンドを示している。

表20では，1980～2001年の期間におけるサービス輸出入と同差額を同表の下部に示すとともに，その上部に1961～79年の計数を別途

表20 香港のGDP統計による商品・サービス輸出入の比較

[1961～79年] (単位：100万HKドル)

	サービス輸出 a	サービス輸入 b	[a-b]	商品輸出 A	商品輸入 B	[A-B]	[a-b]+[A-B]
1961	2,258	1,084	1,174	3,930	5,673	-1,743	-569
1965	3,067	1,522	1,545	6,530	8,560	-2,030	-485
1970	6,278	2,853	3,425	15,238	16,897	-1,659	1,766
1975	11,423	6,288	5,135	29,833	32,281	-2,448	2,687
1979	24,595	16,042	8,553	75,934	83,437	-7,503	1,050

[1980～2001年] (単位：10億HKドル)

1980	28.5	19.9	8.6	98.2	108.1	-9.9	-1.3
1985	59.7	43.1	16.6	235.2	226.0	9.2	25.8
1990	139.3	99.6	39.7	639.9	629.8	10.1	49.8
1995	255.6	178.7	76.9	1,344.1	1,466.8	-122.7	-45.8
2000	317.6	191.5	126.1	1,572.7	1,636.7	-64.0	62.1
2001	323.1	189.6	133.5	1,481.0	1,549.2	-68.2	65.3

資料：Hong Kong Census and Statistics Department, *Special Report on Gross Domestic Product*, August 2002.
注：1961年に遡る国民所得統計の大改訂はサービス貿易収支にまで及んでいる。

5年おきに掲げておいた（時期を遡ると，10億HKドル単位では計数は小さくなるので，1961～79年は100万HKドル単位とした）。5年おきの計数ではあるが，サービス収支差額はすべてプラスを持続し，ほとんど低下を示さない。これに対して，商品輸出入差額は，マイナスになる年次が多い。つまり，香港では商品貿易差額がマイナスになっても，サービス貿易差額が大きくプラスを持続し，しかも，これにプラスの資本収支差額が付け加わって，長期的には国際収支を健全な形にしてきたといえる。

表21は香港のサービス輸出の業種別構成比を21年にわたってチェックしたものだが，運輸，観光，貿易関連，保険，金融といった，いわば貿易・金融関連のサービス輸出の比重が合わせて90数％を示

表21 香港のサービス輸出を支える業種

(単位:100万HKドル,( )内%)

	[サービス 輸出総額]	運 輸	観 光	貿易関連	保 険	金 融	その他
1980	28,486	12,325	6,529	5,618	582	520	2,911
	(100.0)	(43.3)	(22.9)	(19.7)	(2.0)	(1.8)	(10.2)
1985	59,735	22,967	15,003	11,932	870	2,727	6,237
	(100.0)	(38.4)	(25.1)	(20.0)	(1.5)	(4.6)	(10.4)
1990	139,324	50,760	41,473	26,431	1,299	5,570	13,791
	(100.0)	(36.4)	(29.8)	(19.0)	(0.9)	(4.0)	(9.9)
1995	255,553	84,937	74,997	49,032	3,617	15,568	27,402
	(100.0)	(33.2)	(29.3)	(19.2)	(1.4)	(6.1)	(10.7)
2000	317,580	99,513	61,786	97,616	3,452	20,859	34,355
	(100.0)	(31.3)	(19.5)	(30.7)	(1.1)	(6.6)	(10.8)
2001	323,087	101,815	64,594	99,323	3,942	19,739	33,674
	(100.0)	(31.5)	(20.0)	(30.7)	(1.2)	(6.1)	(10.4)

資料:Hong Kong Census and Statistics Department, *Special Report on Gross Domestic Product*, August 2002.

していることは興味深い。サービス輸入の業種別構成比の統計はここでは省略するが,これも似たような結果を示している。

こうしたトータルはさておいて,相手国別の商品貿易収支をいま図20でチェックしよう。1980年以降の長期トレンドをみると,一方で,対中国本土の入超,対日本入超は増大の一途を辿った。多分中国の場合は,その間における人民元の持続的な切下げが中国の対香港輸出超過を累進的に高めたということができる。中国が輸出超過になれば,香港経由の輸出割合は20~40%の間にあったのだから,香港の対中国本土入超額は一路増大傾向を辿ることは当然である(1985年220億HKドル,2000年1,720億HKドル,2001年1,359億HKドル)。

しかし,その間対アメリカ向け出超は図20にみるように,2000年

図20 香港主要相手国別の商品貿易収支

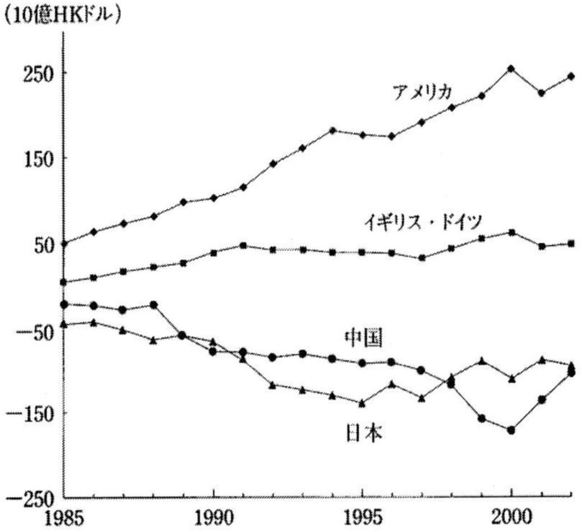

(10億HKドル)

注:1990年以前のドイツは西ドイツ。

には遂に2,527億HKドルに達した。したがって,この時期に対米出超に対しては,対中国本土入超1,720億HKドルは6〜7割の比重を示したということができる。香港は対日本でも入超を示している。そして,この数字は2000年には,1,119億HKドルに達した。この日本からの入超がどの国に対する出超に対応するかは正確にはわからない。しかし,図20から対ヨーロッパがその3分の1,対アメリカがその残余をカバーするというおおまかな判断が導かれうるかもしれない。他方,香港の総輸出に占める「再輸出」の割合はこの20年間に急テンポで高められた(1980年30.6%,1990年64.7%,2000年88.5%,2001年89.6%,2002年91.6%)。この再輸出比率の増大は中継貿易の性格の強化であり,"三国間貿易"の性格の一層の浸透である。香港はこのようにして,中国本土・アメリカ・ヨー

ロッパ・日本などとの貿易の仲介の度を一層強めたということができる。

第3節 再輸出90％時代の"三国間貿易"の構造

1. 香港の貿易統計の特徴

香港の通関貿易統計をいじりまわしてみて，まず感ずることが2つある。一つは，集計がきわめて正確かつ完全である。過去何年間に遡って訂正されたことは全然ないということだ。したがって，安心して，*Hong Kong External Trade* という月刊誌の12月号に記載の暦年輸出入金額を積み重ねていくことができる。あとで年報が出たときに，これが修正されるということはほとんどない。

もう一つは，ただ「輸出」，「輸入」をあげているだけでない。総輸出を「地場輸出」(domestic exports) と「再輸出」(re-exports)にわけ，中継貿易の進展を，総輸出に占める再輸出の比重の増大という形で分析することを可能にしてくれることである。しかも，この再輸出比率を「相手国別」，「主要品目別」に計算することも可能になる。一体，世界でこのような分類で貿易統計を立ち入って利用可能な国が他にあるだろうか。近いところだが，香港に似た中継貿易港シンガポールには，これがない。

それだけでない。「再輸出」には，「仕向地」(destination) ベースのものと「原産地」(origin) ベースのものとがある。この両者はトータルでは一致する。しかし，国別，主要品目別にはかなりの食い違いが生ずる。

Hong Kong External Trade の毎号ごとに出ているわけではないが，ある箇所で"retained imports"という表現にぶつかった。こ

れは「輸入」から「再輸出」を差し引いた金額を示す。この数字は「再輸出」(FOB表示) から流通マージン, その他の所要経費を控除してはいないから, その部分だけ "retained imports" が過小評価になると, わざわざ注記している。私は国別に, 香港の再輸出／輸入比率あるいは再輸出／総輸出比率を試算してみたが, こういう計算作業を可能にする貿易統計を他の国々に見出すことが可能であろうか。

ただ, このように面白いデータではあるが,「再輸出」,「地場輸出」の定義の説明のところで, はたと困ってしまった。第1に, "transit" あるいは "transhipment" の商品は貿易統計から除外するとあるのは, そのとおりである。船荷の積み替えだけなら, re-export とはいえないからである。第2に,「再輸出」を定義して,「以前に香港に輸入され, その商品の形状, 性質, 形態ないし効用をパーマネントに変える製造工程を経由するものを除外する」としている。反面,「地場輸出」を定義して,「香港内の "natural produce", あるいは製造工程のために, 基礎原料の形状, 性質, 効用を永久的に変えた製品」と定義している。

だが, ここに疑義が発生する。1990年代以降, 機械類の再輸出／総輸出比率が80～90％へと非常な高まりを示した。しかし複数国から輸入された機械部品を組み立てたあとで再輸出される場合には,「パーマネントに形状, 効用を変える製造工程を経ない」ものとなっている再輸出の定義をどこまで維持できるかが問題として残る。機械類の生産は形状を本質的に変えてしまうという特徴があるにかかわらず, 形状不変を前提とする再輸出の定義をこれに矛盾しない形で保持できるかが問題である。

とはいえ, われわれはこうした定義の問題点に眼をつぶって, ユ

ニークな香港の貿易統計から導き出せる諸々の結果に関心を寄せることにしたい。事実は、香港を中継地として、たとえば各種の輸入機械部品を組み立てたりして、再輸出される場合が多くなってきたとみなければならないからである。そして、これらは香港の貿易統計では再輸出として処理される場合が圧倒的に多くなっていると考えるほかはない。

2.「地場輸出」vs「再輸出」

地場輸出 (domestic exports) というのは、一番問題点の少ない概念かもしれない。

表22に出てくる地場輸出の品目の中では、繊維製品・アパレルは2001年までは総額の4割程度を示してきたもっとも比重の大きな品目である。ただこの表22では、糸・織物などの繊維製品とアパレル・衣類は合算されていることに注意されたい。さらに90年代になると、電子製品は全体の25%前後の比重を占めるようになった。これは古くからの香港産業と新しい香港産業とが「地場産業」として併存している姿かもしれない。

香港は昔から世界でも時計の生産量が比較的多かったところとして有名である。その比重が低下したとはいえ、時計類は1980年にはまだ地場輸出総額の9.2%を占めていた。これが2000年には1.7%、2002年には1.1%にまで低下したのだから、これは激しい産業構造の変化の反映といわねばならない。玩具類、プラスチック製品もそうだが、宝石類も2000年に3.2%、2002年には4.8%を維持するにとどまっていることも注意をひく。

ところで、総輸出はこの地場輸出と再輸出の合計からなる。いまその構成比を「総額」、「対中国」、「その他諸国」別に三区分したも

表22 地場輸出

(単位:10億HKドル, ( )内%)

	総　額	繊維製品・アパレル	時　計	宝石類	玩具類
1980	68.2 (100.0)	26.7 (39.2)	6.3 (9.2)	1.1 (1.6)	4.0 (5.9)
1985	129.9 (100.0)	51.1 (39.3)	9.1 (7.0)	2.9 (2.2)	7.0 (5.4)
1990	225.9 (100.0)	89.1 (39.4)	18.3 (8.1)	6.9 (3.0)	—
1995	231.7 (100.0)	87.6 (37.8)	13.6 (5.9)	5.7 (2.5)	2.4 (1.0)
2000	181.0 (100.0)	86.6 (47.8)	3.0 (1.7)	5.7 (3.2)	0.5 (0.3)
2002	108.9 (100.0)	72.7 (66.8)	1.2 (1.1)	5.2 (4.8)	0.3 (0.3)

	プラスチック製品	印刷物	電気器具	電子製品
1980	0.8 (1.2)	—	—	—
1985	2.2 (1.7)	1.0 (0.8)	—	—
1990	—	3.4 (1.5)	3.4 (1.5)	58.5 (25.9)
1995	3.0 (1.3)	4.9 (2.1)	1.3 (0.6)	64.3 (27.7)
2000	1.9 (1.0)	4.6 (2.5)	0.7 (0.4)	43.3 (23.9)
2002	1.3 (1.2)	3.9 (3.6)	0.2 (0.2)	23.9 (21.9)

資料: *Hong Kong External Trade* (Monthly), December issues.
注:以上のうち、電気器具・電子製品は必ずしも産業分類によるものでなく、利用者の便宜を考えて、*Hong Kong External Trade* が掲げた計数である(1989年以降)。そこでは、時計、玩具との間に存在している若干の重複を取り除いていない。

のを表23としよう。

　この表の上段では、一方で総輸出に占める地場輸出、再輸出の比重が、「総額」、「対中国」「対その他諸国」別に計算されている(括弧内)。他方、表の下段には、地場輸出、再輸出、総輸出ごとに、「対中国」、「対その他諸国」間の構成比が計算されている。これは5年おきの計算であるにすぎないが、そこから次の観察が導かれる。以下「再輸出」というときには、いましばらくは、「仕向地(destination)ベース」のものを使って前進していこう。

　(1) 「総輸出」に対する比重としてみるとき、地場輸出の構成比

表23　総輸出・地場輸出・再輸出

(単位：10億HKドル，( )内％)

	地　場　輸　出			再　輸　出		
	総額	対中国	対その他諸国	総額	対中国	対その他諸国
1980	68.2 (69.4)	1.6 (25.8)	66.6 (72.3)	30.1 (30.6)	4.6 (74.2)	25.5 (27.7)
1985	129.9 (55.2)	15.2 (24.8)	114.7 (65.9)	105.3 (44.8)	46.0 (75.2)	59.3 (34.1)
1990	225.9 (35.5)	47.5 (30.0)	178.4 (37.1)	414.0 (64.7)	110.9 (70.0)	303.1 (62.9)
1995	231.7 (17.2)	63.6 (14.2)	168.1 (18.7)	1,112.5 (82.8)	384.0 (85.8)	728.5 (81.3)
2000	181.0 (11.5)	54.2 (10.0)	126.8 (12.3)	1,391.7 (88.5)	488.8 (90.0)	902.9 (87.7)
2002	130.9 (8.4)	41.9 (6.8)	89.0 (9.4)	1,429.6 (91.6)	571.9 (93.2)	857.7 (90.6)
2002/1985	1.01倍	2.76倍	0.78倍	13.58倍	12.43倍	14.46倍
2002/1990	0.56	0.66	0.53	1.29	1.49	1.18
	(構成比)			(構成比)		
1980	100.0	2.3	97.7	100.0	15.3	84.7
1985	100.0	11.7	88.3	100.0	43.7	56.3
1990	100.0	21.0	79.0	100.0	26.8	73.2
1995	100.0	27.4	72.6	100.0	34.5	65.5
2000	100.0	29.9	70.1	100.0	35.1	64.9
2002	100.0	32.0	68.0	100.0	40.0	60.0

	総　輸　出		
	総額	対中国	対その他諸国
1980	98.3(100.0)	6.2(100.0)	92.1(100.0)
1985	235.2(100.0)	61.2(100.0)	174.0(100.0)
1990	639.9(100.0)	158.4(100.0)	481.5(100.0)
1995	1,344.1(100.0)	447.6(100.0)	896.6(100.0)
2000	1,572.7(100.0)	543.0(100.0)	1,029.7(100.0)
2002	1,560.5(100.0)	613.8(100.0)	946.7(100.0)
2002/1985	6.63倍	10.03倍	5.44倍
2002/1990	1.16	1.37	1.06
	(構成比)		
1980	100.0	6.3	93.7
1985	100.0	26.0	74.0
1990	100.0	24.8	75.2
1995	100.0	33.3	66.7
2000	100.0	34.5	65.5
2002	100.0	39.3	60.7

資料：*Hong Kong External Trade* (Monthly), December issues.

の急テンポかつ一貫した低落と，再輸出の構成比のこれに反比例した上昇がみられる。中国向けの再輸出の構成比は1980年にすでに74.2％の高さにあったから，2000年以降これが90.0％を超えたとしても構成比の上昇程度はさほど大きくはない。これに反して「その他諸国」向けの再輸出の比重は80年の27.7％から2000年には87.7％，そして2002年には90.6％へときわめて急激な比重の上昇がみられた。1985年以来の17年間の増大倍率としても，総額では地場輸出の方は1.01倍なのに，再輸出の方は13.6倍であった。

(2) 地場輸出の「対中国」，「対その他諸国」間の構成比（下段）は，中国の方は，1980年の2.3％が2002年の32.0％へと着実に上昇しているが，「その他諸国」の方はその間97.7％から68.0％へと低下している。逆に，再輸出に占める中国の構成比は1980年の15.3％が2002年の40.0％へと急速に高まっている反面，「その他諸国」の構成比はその間84.7％から60.0％へと低下している。しかし，中国に比べると，その他諸国の比重は元来非常に高かったから，これは当然の結果である。しかし，それにしてもこの20年間における中国のめざましい輸出伸長が以上の結果をもたらしたといえよう。

しかし，「その他諸国」というのは，アメリカ，ヨーロッパ，そして日本やその他東アジア諸国を含んでいる。したがって，いま主要諸国別に，もうすこし，立ち入った分析を加える必要がある。表24はそのためにつくられた。それから，いくつかの結果を取り上げよう。

(1) 1985～2002年の間には，再輸出はアメリカが19.8倍，日本が14.7倍の高まりを示しているが，中国は12.4倍にとどまっている。これは1985年ごろ中国（460億HKドル）はすでにアメリカ（147億HKドル）に対して3.1倍という高さだったためである。しかし，

表24 香港再輸出の国別動向(仕向地ベース) (1985・1990・1995・2000・2002年)

(単位:10億HKドル、( )内%)

	1985	1990	1995	2000	2002	2002/1985	2002/1990
中国	46.0(43.7)	110.9(26.8)	384.0(34.5)	488.8(35.1)	571.9(40.0)	12.4倍	5.2倍
アメリカ	14.7(14.0)	87.8(21.2)	231.0(20.8)	311.0(22.3)	291.0(20.4)	19.8	3.3
日本	5.5 (5.2)	24.4 (5.9)	70.1 (6.3)	82.1 (5.9)	80.7 (5.6)	14.7	3.3
イギリス		12.1 (2.9)	32.3 (2.9)	52.4 (3.8)	46.6 (3.3)		3.9
ドイツ		23.4 (5.7)	45.8 (4.1)	50.6 (3.6)	44.6 (3.1)		1.9
台湾	4.3 (4.1)	21.2 (5.1)	27.8 (2.5)	33.7 (2.4)	30.2 (2.1)	7.0	1.4
シンガポール		12.6 (3.0)	26.0 (2.3)	32.0 (2.3)	29.4 (2.1)		2.3
韓国	3.9 (3.7)	13.3 (3.2)	19.3 (1.7)	27.0 (1.9)	29.3 (2.0)	7.5	2.2
フランス		6.4 (1.5)	17.5 (1.6)	25.2 (1.8)	19.2 (1.3)		3.0
カナダ		6.5 (1.6)	16.0 (1.4)	21.2 (1.5)	21.1 (1.5)		3.2
オランダ		5.9 (1.4)	16.7 (1.5)	20.4 (1.5)	22.8 (1.6)		3.9
オーストラリア			15.8 (1.4)	18.5 (1.3)	18.0 (1.3)		
その他とも総計	105.3(100.0)	414.0(100.0)	1,112.5(100.0)	1,391.7(100.0)	1,429.6(100.0)	13.6	3.5

資料: *Hong Kong External Trade* (Monthly), December issues.

それにしても、「その他諸国」の中で、アメリカの動きは特に注目する必要があることを示唆している。1985年にアメリカの再輸出は中国の32%（＝14.7/46.0）だったが、2002年にはこれが51%（＝291.0/571.9）へと飛躍した結果である。

(2) 日本向けはその間14.7倍再輸出がふえたが、諸国全体の再輸出の伸びは13.6倍であった。その結果、日本の構成比は1985年の5.2%が2002年には5.6%へと、わずかに高まるにとどまった。

(3) ただ1990～2002年間の変化としてみると、一般に増大倍率の国別の差異は多少とも小さくなっている。中国・アメリカ・日本・イギリスは3～5倍の伸びの間に収まっているし、フランス、カナダ、オランダも3倍台にある。しかし台湾、シンガポール、韓国は2倍前後に収まり、諸国全体としての伸びは3.5倍であった。

いま、「再輸出／総輸出比率」を、「対中国」、「対アメリカ」、「対日本」と、主要取引国別、しかも主要品目別にチェックして、これを表25とする。以下再輸出の数字は「仕向地ベース」のものを用いる。品目別の配列順序は、原データではその年々の再輸出の金額の大きさによっている。しかし、2000年前後のその順序は1982年にも同じだとはいえない。例えば、中国の場合、2000年、2002年には電気機器の再輸出の順位が最高だったが、1982年には繊維製品の再輸出がトップを占めていた。しかも、1982年当時は電気機器の再輸出は、まだ主要対象国別の統計表には出てこない。1982年や85年に、non-available の部分が「－」として数多くあったのはそのためである。補足的ではあるが、導かれる若干の帰結をあげよう。

(1) 全体として、対中国、対アメリカ、対日本輸出を通じて、再輸出／総輸出比率は80年代に比べると90年代には急角度の高まりを示した。とりわけアメリカがそうである（15.2%→87.4%）。

表25 再輸出／総輸出比率の国別・主要品目別のチェック

(単位：%)

	1982	1985	1992	2000	2002
対中国輸出					
電気機器・同部品	—	80.0	75.9	93.5	96.6
繊維製品	73.5	81.9	85.1	94.4	94.6
通信機器	39.8	68.1	54.2	92.7	98.6
事務用機器	—	—	69.5	94.2	97.5
プラスチック	—	—	81.4	92.7	93.8
写真機・光学機器	—	—	63.6	84.4	92.7
鉄鋼	—	—	97.4	84.5	100.0
(その他とも計)	67.7	75.2	77.4	90.0	93.3
対アメリカ輸出					
雑製品	9.2	25.6	89.3	92.8	93.1
電気機器・同部品	14.2	15.4	69.9	83.8	93.8
通信機器	—	—	89.7	99.5	100.0
アパレル	11.0	13.6	36.8	45.8	53.6
履物	—	—	99.1	100.0	100.0
事務用機器	—	—	45.3	96.4	90.5
写真機・光学機器	—	—	52.3	95.5	98.6
旅行用品	—	—	96.4	99.2	100.0
(その他とも計)	15.2	20.3	69.7	85.1	87.4
対日本輸出					
アパレル	—	20.4	77.9	96.2	97.7
雑製品	—	—	75.0	91.9	92.1
電気機器・同部品	—	—	86.4	90.2	95.2
事務用機器	—	—	33.3	91.1	96.7
通信機器	—	—	100.0	98.5	100.0
履物	—	—	100.0	100.0	100.0
写真機・光学機器	—	—	61.1	93.5	98.2
旅行用品	—	—	—	100.0	100.0
(その他とも計)	44.8	55.0	77.3	94.2	96.4

資料：*Hong Kong External Trade* (Monthly), December issues.
注：再輸出は仕向地ベースのものを用いている。

(2) 「対アメリカ輸出」の場合,機械関連の再輸出比率は2000年にはほぼ90％を超えている。しかし,アパレルは2000年には45.8％,2002年でも53.6％にとどまっている。電気機器は2002年には93.8％だったが,1982年当時は14.2％にすぎなかった。さらに,機械関連でも,1992年には事務用機器は45.3％,写真機・光学機器は52.3％にすぎなかった。

(3) 「対中国輸出」のケースでも,2002年になると,機械関連は全部90％台にあり,プラスチック,鉄鋼も90％を超えた。中国で家電を含む諸機械の生産は急増したが,それにつれて素材としてのプラスチックや鉄鋼の香港からの再輸出がこれに平行してふえたことは当然であろう。ただ1992年当時は,電気機器は75.9％,通信機器は54.2％,事務用機器は69.5％,写真機・光学機器も63.6％だったのだから,1992〜2002年の10年間に生じた再輸出／総輸出比率の上昇はきわめて急テンポであったといわざるをえない。

(4) 「対日本輸出」の場合も類似の観察が成立する。2000〜02年には機械関連だけでなく,アパレル,履物,旅行用品を含むすべての品目で,再輸出比率が90〜100％台に移行したからである。しかし,ここでも1992年には事務用機器は33.3％,写真機・光学機器では61.1％にすぎなかったから,90年代に生じた変化はすさまじいものがあったといわねばならない。

(5) 総じて,90年代には再輸出比率の急上昇が生じたが,これは機械関連の再輸出比率がアパレルや繊維製品より高かったというだけでない。軽工業品の再輸出比率の上昇もこれに寄与したといわねばならない。そういうからみ合いがあるにせよ,90年代の再輸出比率の上昇に対して,各種の機械製品の再輸出の上昇が非常に大きな役割を果たしたであろうことは否定すべくもない。

以上，再輸出比率を「再輸出／総輸出比率」の形で計算し，その動きを相手国別・品目別に分析した。この場合，「仕向地ベース」の再輸出を採用していることに注意されたい。しかし，再輸出として「原産地ベース」のものをとり，これを総輸入に対比して「再輸出／総輸入比率」を計算し，これを既述の "retained import ratio" 誘導のため相手国別・品目別に計算することも可能である。私自身この分析を行ったことがある。しかし，正しくはこの場合，再輸出品が輸出されるまでに香港内でかかった運送費や利益マージンを計算し，これを再輸出額から取り除いたうえで，これを原産地からの輸入額と対比しなければならない。しかし，マージン率は運賃や賃金の変動によって年々変わる性質をもっている。しかも，それは品目別にも相違する可能性があることを考え合わせる必要がある。したがって，私は "retained import ratio", "再輸出／総輸入比率" の試算結果をここで表示・図示することは断念する。正確を期するためには，運賃や収益マージンの計算を丹念に計算し，それで十分に調整された結果を示す必要があるからである。

香港が "三国間貿易" の頂点近くに到達したと考える場合に，既出表23からは「総輸出に対する再輸出の割合」が計算されるが，これは「再輸出／総輸出比率」にほかならない。これが2002年には遂に91.6％（対中国93.2％，対その他諸国90.6％）に到達したということである。ついでながら，この比率は対アメリカ87.4％，対日本96.4％と計算される。1980年には対アメリカ12.1％，対日本48.9％であったのに対比すると，これは物凄い変化といわねばならない。ここでは，この急角度の三国間貿易を眼に映ずるような形に実額で図示し，これを図21としよう。近年香港が辿った一つの dramatic な変化がそこに集約されているかもしれない。

図21 香港における「三国間貿易」の変化

(単位:10億HKドル)

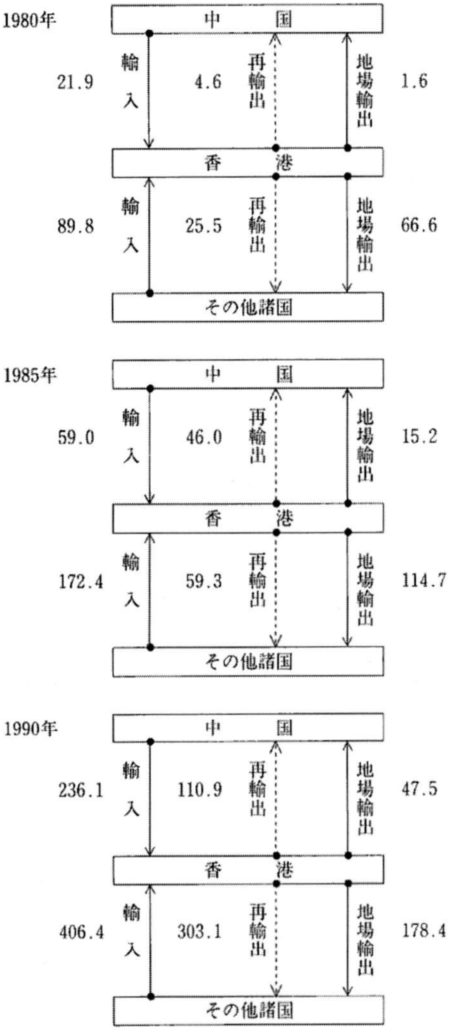

1980年

```
        ┌─────中　国─────┐
        │                    │
   21.9 │輸  4.6  再  地  1.6
        │入      輸  場
        │        出  輸
        │            出
        └─────香　港─────┘
        │                    │
   89.8 │輸  25.5 再  地  66.6
        │入      輸  場
        │        出  輸
        │            出
        └────その他諸国────┘
```

地場輸出総額　　68.2
　対中国　　　　　1.6
　対その他諸国　66.6
輸入総額　　　111.7
　対中国　　　　21.9
　対その他諸国　89.9
再輸出総額　　　30.1
　対中国　　　　　4.6
　対その他諸国　25.5
再輸出／総輸出　30.6%

1985年

```
        ┌─────中　国─────┐
   59.0 │輸  46.0 再  地  15.2
        │入      輸  場
        │        出  輸
        │            出
        └─────香　港─────┘
  172.4 │輸  59.3 再  地 114.7
        │入      輸  場
        │        出  輸
        │            出
        └────その他諸国────┘
```

地場輸出総額　　129.9
　対中国　　　　　15.2
　対その他諸国　114.7
輸入総額　　　　231.4
　対中国　　　　　59.0
　対その他諸国　172.4
再輸出総額　　　105.3
　対中国　　　　　46.0
　対その他諸国　59.3
再輸出／総輸出　44.8%

1990年

```
        ┌─────中　国─────┐
  236.1 │輸 110.9 再  地  47.5
        │入      輸  場
        │        出  輸
        │            出
        └─────香　港─────┘
  406.4 │輸 303.1 再  地 178.4
        │入      輸  場
        │        出  輸
        │            出
        └────その他諸国────┘
```

地場輸出総額　　225.9
　対中国　　　　　47.5
　対その他諸国　178.4
輸入総額　　　　642.5
　対中国　　　　236.1
　対その他諸国　406.4
再輸出総額　　　414.0
　対中国　　　　110.9
　対その他諸国　303.1
再輸出／総輸出　64.7%

第3章 広東と一体化する香港　89

図21　続き

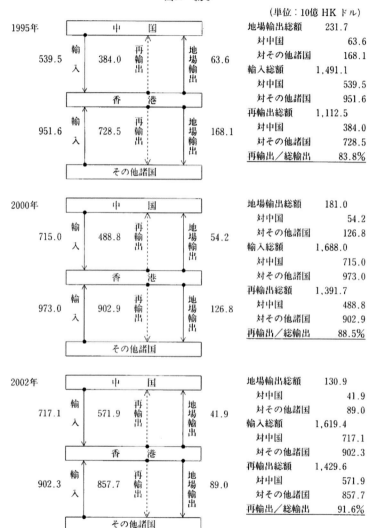

3. 香港経由の対外輸出依存率の模索

次に表26に移る。そこでは、香港が中国本土から輸入した金額（中国本土の対香港輸出）のうち、再び香港から中国本土に再輸出された金額をまず推定する。そして、これを前者から差し引く（A－B＝C）という手続きをとる。ただ仕向地ベースの対中国本土再輸出の中には、「その他諸国」から輸入されてその後中国に再輸出される部分も含んでいる。ここでは、その部分を取り除かねばならない。いわば、中国向け再輸出（仕向地ベース）のうち原産地（origin）が中国本土の部分だけを導く必要がある。いま2000年の数字をとると、仕向地ベースの中国向け再輸出のうち、日本が原産地である部分が21.4％、台湾が原産地である部分は15.3％だが、中国本土が原産地である部分は18.3％の897億HKドルである。この897億HKドルは、2000年の対中国本土輸入7,150億HKドルに比較すると、12.5％であった。この部分（B欄）を、表26のA欄から差し引いて得たC欄の数字6,253億HKドルは、中国本土の香港経由の対外輸出にきわめて近い数字となる。

しかし、さらに香港でそのうち「地場消費」された部分を差し引かねばならない。幸いなことに、1990, 1997年については丸屋豊二郎氏の推計がある。これは中国からの輸入のうち「地場消費」にまつわる部分の推計である（D欄）。彼はこれを「地場消費輸入」と称した。表26では1990年の氏の地場消費の推計が、香港のGDPに比例するという仮定の下で、これを後向きには1980年にまで補外し、前向きにもこれを2000年まで延長推計するという措置をとった。

その結果得られた計数は、中国本土の香港経由での対外輸出あるいは純輸出にほぼ等しい計数になると私は考える。かくして、導か

第3章　広東と一体化する香港

表26　中国の香港経由の対外輸出依存率の推定

(単位：10億HKドル)

	対中国本土輸入 A	対中国本土再輸出（出荷ベース）のうち中国原産地の部分 B	[A-B] C	Cのうち香港地場消費になる部分 D	GDP (1990=100) E	GDPに比例の仮定での[地場消費]の推定 F	対中国本土輸入のうち[その他の諸国]への再輸出 [C-F] G	中国本土総輸出 H	中国本土の対外輸出依存率 I
1980	21.9	NA	—		24.3	6.6	—	90.1	—
1981	29.5	0.3	29.2		29.3	7.9	21.3	123.0	17.3
1982	32.9	0.6	32.3		33.0	8.9	23.4	135.4	17.3
1983	42.8	1.0	41.8		36.5	9.9	31.9	161.3	19.8
1984	55.8	2.1	53.7		44.0	11.9	41.8	204.4	20.5
1985	59.0	3.1	55.9		46.0	12.6	43.0	213.1	20.3
1986	81.6	4.2	77.4		53.6	14.5	62.9	241.4	26.1
1987	117.4	6.2	111.2		66.0	17.8	93.4	307.6	30.4
1988	155.6	8.9	146.7		78.1	21.1	125.6	370.9	33.9
1989	196.7	12.1	184.6		89.9	24.3	160.3	409.8	39.1
1990	236.1	14.0	222.1	27.0 [丸屋推計]	100.0	27.0	195.1	483.6	40.3
1991	293.4	16.4	277.0		114.8	31.0	246.0	558.3	44.7
1992	354.3	20.2	334.1		133.8	36.1	298.0	657.5	45.3
1993	402.2	21.8	380.4		154.1	41.6	338.8	709.7	47.7
1994	470.9	27.0	443.9		173.5	46.8	397.1	935.2	42.5
1995	539.5	36.1	503.4		184.9	49.9	453.5	1,151.0	39.4
1996	570.4	39.0	531.4		204.6	55.2	476.2	1,160.9	41.0
1997	608.4	48.2	560.2		227.3	61.4	498.8	1,414.5	35.3
1998	580.6	50.4	530.2		216.2	58.4	471.8	1,423.3	33.1
1999	670.5	61.3	546.2		211.4	57.1	489.1	1,512.3	32.3
2000	715.0	89.7	625.3		218.3	58.9	566.4	1,941.5	29.2

資料：「中国統計年鑑」2001；*Hong Kong External Trade (Monthly)*, December issues. D欄の「丸屋推計」は、丸屋豊二郎・大原盛樹編「発展メカニズム——改革開放、経済発展、社会変容」アジア経済研究所、1993年による。

注：丸屋豊二郎氏はDの対中国再輸入からの「地場消費」の推計のほかに、対広東三角輸入からの「地場消費」の推計も行っている。なお丸屋氏は1990年のほか、1997年についても「地場消費」の推計を行っているが、ここでは1990年推計を利用した。

れた中国の対外輸出依存率は1981〜82年は17.3%だが,83年以降しばらくはほぼ20%前後となり,その後,93年の47.7%まで一路上昇したあと,2000年の29.2%まで低下するという結果となる。

以上の推計過程において,仕向地ベースの再輸出だけでなくて,原産地ベースの再輸出をこれに組み合わせて使用した。ここに再輸出の「仕向地ベース」と「原産地ベース」の組み合わせが有効である一事例をわれわれは見出すことができる。

いずれにせよ,1980〜90年代は中国本土の輸出成長テンポがきわめて高かったが,対外輸出が自由港香港経由で行われたという背景は,社会主義(?)国中国にとって大きなプラスであった。ただ対外輸出依存率が,90年代前半に40%を超えて高まり,97年以降それがかなり低下している事情については,多分97年以降の通貨危機と香港返還という背景は無視できない。と同時に中国経済が中期循環的な投資の下方調整の局面にあったという事情も見逃がされてはならない。

4.「仕向地ベース」・「原産地ベース」再輸出の等価・不等価関係

ところで,以下もっとブロードな見地からこの問題を眺め直すことにしよう。一方,「仕向地ベース」の再輸出と,他方,「原産地ベース」の再輸出の計数は,再輸出の相手国を全部トータルにするとき,相互に本来は等しくなる関係にある。しかし,これを国別に分けたときにはかなり,大きな相違が発生する。

いま仕向地ベースの再輸出を「再$_{仕}$」,原産地ベースの再輸出を「再$_{原}$」と表示しよう。そしてそれぞれの上位添字をもって,国別を示すことにする。例えば,「再$_{仕}^{中}$」は,仕向地ベースの対中国再輸出,「再$_{原}^{中}$」は中国原産品の再輸出を示すものとする。同様に,

「再$_{仕}^{日}$」は仕向地ベースの対日本再輸出であり,「再$_{原}^{日}$」は日本原産品の再輸出を示す。その結果,次のような関係が数字の上で導かれる。いま,2000年をとる。

(単位:10億 HK ドル)

	総計	中国		アメリカ		日本		その他諸国	
	1,392	再$_{仕}^{全}$ ∥ 再$_{原}^{全}$	489 ∧ 850	再$_{仕}^{中}$ 再$_{原}^{中}$	311 ∨ 65	再$_{仕}^{米}$ 再$_{原}^{米}$	82 ∧ 137	再$_{仕}^{日}$ 再$_{原}^{日}$	510 ∨ 340	再$_{仕}^{他}$ 再$_{原}^{他}$
[原産地ベース -仕向地ベース]	0		+361		-246		+55		-170	

得られた結果は,再輸出の仕向地ベースの金額と原産地ベースの金額は,総額では一致し両者の差はゼロとなることを示す。しかし,国別に分けるとこの差異は顕著に浮かび上がってくる。2000年には対中国の場合10億 HK ドル単位で+361,アメリカの場合-246,日本の場合は+55となる。「その他諸国」を全部合算したとき,これは-170となる。明らかに,再輸出の "destination" ベースと "origin" ベースの差はとりわけ,中国,アメリカ,日本の3ヵ国に顕著に浮かび上がってくる。この関係をいま中国,アメリカ,日本,これに台湾を加えて図示し,これを図22としよう。明らかに,再輸出の原産地ベース「A」と仕向地「B」の差は,中国とアメリカに集中的に大きな数字になって現れていることがわかる。

図22では,中国の「A-B」は,ただアメリカの記号をとりかえたと思われるくらいの「A-B」に大きく転換されている姿が浮かんでくる。「A-B」のアメリカ/中国比率を2000年について求めると,これは68.1%(=246/361)となる。1995年には,この比率

**図22 香港における原産地ベース再輸出Aと仕向地ベース再輸出Bの開き
（中国・アメリカ・日本・台湾の場合）**

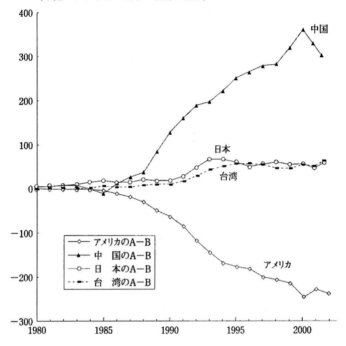

が69.4%（=175/252），1990年には48.5%（=63/130）であった。中国原産品がアメリカ市場に再輸出の形で大きくふり向けられている姿がここに浮きぼりにされる。

5．再輸出の原産地区分と仕向地区分

香港の貿易統計の注目すべき特徴の一つは「再輸出」の計数が総額だけでなく相手国別・商品別にも，より詳細に利用できることである。しかし，この再輸出を「仕向地」(destination) ベースのも

のと,「原産地」(origin) ベースに区分して発表していることもまた,それに劣らず重要なもう一つの注目すべき特徴であろう。

表27は,この再輸出を(仕向地ベースで)「対アメリカ向け」,「対中国向け」,「対日本向け」,「対台湾向け」と地域分割したうえ,それぞれの地域への「仕向地ベース」の再輸出が「原産地ベース」でみて,どのような国別構成を辿ってきたかを,5ヵ年ごとに計算し,これに2001, 2002年を加えたものである。これからくみとられる内容は以下のとおりである。

(1) (a)「対アメリカ向け」再輸出(仕向地ベース)を原産地ベースに区分けしたとき,中国 origin の部分は1980年には,16.9億 HK ドルで,アメリカ向け再輸出(仕向地ベース)のトータル30.85億 HK ドルに対して54.8%だったのが,2002年にこれは2,676億 HK ドルでトータル2,910億 HK ドルの91.9%にまで上昇したことになる。いいかえると,最近は香港からの対米再輸出の大部分が中国のものになったという事実と表裏一体である。この事実は驚くべきことだ。これを対中国輸入総額7,170億 HK ドルに比較すれば37.3%となる。これに比べると,日本 origin,アメリカ origin の割合は対アメリカ市場では意外に低位である。

(2) (b)「対中国」に移って,中国向け再輸出のうち,中国に戻っていく中国 origin の構成比をみると,これは可変的であり,一番高くなった2002年でさえも,25.1%にとどまる。ただ1985, 90, 95年の3ヵ年平均だと,これが9.6%となる。しかし,日本 origin の比率1980~2000年の5ヵ年平均は23.8%であり,台湾の場合はこの5ヵ年平均は20.2%となる。

(3) (c)「対日本」に移って,日本向けの再輸出の原産地区分をみると,中国 origin の比重は2002年には89.8%となり,非常に高い。

表27 香港における再輸出（仕向地ベース）とその原産地区分

(単位：100万HKドル，( )内%)

(a) 対アメリカ

	アメリカ向け再輸出 (仕向地ベース)	その原産地区分					
		中国		日本		アメリカ	
1980	3,085 (100.0)	1,690	(54.8)	158	(5.1)	301	(9.8)
1985	14,705 (100.0)	11,256	(76.5)	766	(5.2)	983	(6.7)
1990	87,753 (100.0)	81,645	(93.0)	949	(1.1)	1,796	(2.0)
1995	230,997 (100.0)	213,545	(92.4)	6,363	(2.8)	3,084	(1.3)
2000	311,047 (100.0)	283,781	(91.2)	7,321	(2.4)	3,983	(1.3)
2001	282,189 (100.0)	259,326	(91.9)	6,127	(2.2)	3,272	(1.2)
2002	291,043 (100.0)	267,607	(91.9)	5,639	(1.9)	3,054	(1.0)

(b) 対中国

	中国向け再輸出 (仕向地ベース)	その原産地区分					
		中国		日本		台湾	
1980	4,642 (100.0)	NA		904	(19.5)	1,205	(26.0)
1985	46,023 (100.0)	3,076	(6.7)	14,544	(31.6)	7,697	(16.7)
1990	110,908 (100.0)	14,046	(12.7)	24,886	(22.4)	25,570	(23.1)
1995	384,043 (100.0)	36,125	(9.4)	93,037	(24.2)	77,086	(20.1)
2000	488,823 (100.0)	89,697	(18.3)	104,605	(21.4)	74,826	(15.3)
2001	496,574 (100.0)	105,269	(21.2)	97,731	(19.7)	68,730	(13.8)
2002	571,870 (100.0)	143,689	(25.1)	109,050	(19.1)	80,432	(14.1)

(c) 対日本

	日本向け再輸出 (仕向地ベース)	その原産地区分					
		中国		日本		アメリカ	
1980	2,201 (100.0)	588	(26.7)	3	(0.1)	344	(15.6)
1985	5,486 (100.0)	2,879	(52.5)	672	(12.2)	467	(8.5)
1990	24,376 (100.0)	16,019	(65.7)	1,329	(5.5)	1,296	(5.3)
1995	70,081 (100.0)	59,120	(84.4)	2,578	(3.7)	1,369	(2.0)
2000	82,050 (100.0)	72,286	(88.1)	2,967	(3.6)	616	(0.8)
2001	83,551 (100.0)	74,927	(89.7)	2,689	(3.2)	769	(0.9)
2002	80,743 (100.0)	72,502	(89.8)	2,500	(3.1)	757	(0.9)

(d) 対台湾

	台湾向け再輸出 (仕向地ベース)	その原産地区分					
		中国		日本		アメリカ	
1980	2,229 (100.0)	391	(17.5)	434	(19.5)	493	(22.1)
1985	4,325 (100.0)	904	(20.9)	645	(14.9)	801	(18.5)
1990	21,248 (100.0)	5,970	(28.1)	2,823	(13.3)	4,835	(22.8)
1995	27,758 (100.0)	12,279	(44.2)	3,504	(12.6)	2,190	(7.9)
2000	33,696 (100.0)	15,448	(45.8)	3,100	(9.2)	2,901	(8.6)
2001	30,021 (100.0)	13,208	(44.0)	2,304	(7.7)	2,168	(7.2)
2002	30,193 (100.0)	13,323	(44.1)	2,240	(7.4)	1,757	(5.8)

資料：*Hong Kong External Trade*, December issues.

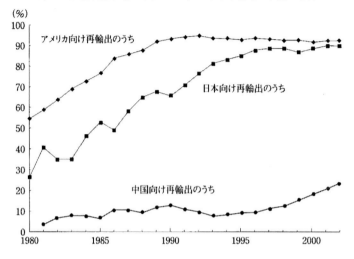

図23 香港再輸出（仕向地ベース）のうち原産地が中国の場合

1980年には，この割合は26.7％だったのだから，日本の場合，香港からの再輸出のうち，中国 origin の割合は26.7％→89.8％という急上昇の過程を辿ってきたことになる。

(4) (d)「対台湾」に移る。台湾向け再輸出のうち，中国 origin の比重をみると，これは1980年には17.5％だった。これが2000年には45.8％というから，香港から台湾向けの再輸出の中で，中国 origin の比重はかなり大きなウェイトをもつに至ったことが判明する。ただ，このことは，台湾に関するかぎり，不思議なことではない。しかし，それに比べると，台湾市場での日本 origin の比重は80年の19.5％から2002年には7.4％に低下している。同じ傾向はアメリカ origin についてもいえる。

以上で用いた貿易統計とコントラストの形になるのは表28である。

表28 香港における再輸出（原産地ベース）とその仕向地区分

(単位：100万HKドル，（　）内%)

(a) 対アメリカ

	アメリカ原産品の再輸出	その仕向地区分					
		中国		アメリカ		日本	
1980	3,157 (100.0)	337	(10.7)	301	(9.5)	344	(10.9)
1985	9,474 (100.0)	4,476	(47.2)	983	(10.4)	467	(4.9)
1990	24,490 (100.0)	10,283	(42.0)	1,796	(7.3)	1,296	(5.3)
1995	55,636 (100.0)	38,544	(69.3)	3,084	(5.5)	1,369	(2.5)
2000	65,465 (100.0)	47,592	(72.7)	3,983	(6.1)	616	(0.9)
2001	65,193 (100.0)	50,429	(77.4)	3,272	(5.0)	769	(1.2)
2002	62,900 (100.0)	48,334	(76.8)	3,054	(4.9)	757	(1.2)

(b) 対中国

	中国原産品の再輸出	その仕向地区分					
		アメリカ		中国		日本	
1980	8,394 (100.0)	1,690	(20.1)	NA		588	(7.0)
1985	34,628 (100.0)	11,256	(32.5)	3,076	(8.9)	2,879	(8.3)
1990	240,410 (100.0)	81,645	(34.0)	14,046	(5.8)	16,019	(6.7)
1995	636,392 (100.0)	213,545	(33.6)	36,125	(5.7)	59,120	(9.3)
2000	849,517 (100.0)	283,781	(33.4)	89,697	(10.6)	72,286	(8.5)
2001	808,370 (100.0)	259,321	(32.1)	105,269	(13.0)	74,927	(9.3)
2002	863,967 (100.0)	267,607	(31.0)	143,689	(16.6)	72,502	(8.4)

(c) 対日本

	日本原産品の再輸出	その仕向地区分					
		中国		アメリカ		台湾	
1980	5,885 (100.0)	904	(15.4)	158	(2.7)	434	(7.4)
1985	22,504 (100.0)	14,544	(64.6)	766	(3.4)	645	(2.9)
1990	42,280 (100.0)	24,886	(58.9)	949	(2.2)	2,823	(6.7)
1995	130,512 (100.0)	93,037	(71.3)	6,363	(4.9)	3,504	(2.7)
2000	137,338 (100.0)	104,605	(76.2)	7,321	(5.3)	3,100	(2.3)
2001	125,649 (100.0)	97,731	(77.8)	6,127	(4.9)	2,304	(1.8)
2002	135,793 (100.0)	109,050	(80.3)	5,639	(4.2)	2,240	(1.6)

(d) 対台湾

	台湾原産品の再輸出	その仕向地区分					
		中国		台湾		アメリカ	
1980	2,134 (100.0)	1,205	(56.5)	NA		44	(2.1)
1985	9,561 (100.0)	7,697	(80.5)	205	(2.1)	175	(1.8)
1990	30,283 (100.0)	25,570	(84.4)	655	(2.2)	358	(1.2)
1995	83,307 (100.0)	77,086	(92.5)	1,728	(2.1)	748	(0.9)
2000	87,943 (100.0)	74,826	(85.1)	3,737	(4.2)	2,499	(2.8)
2001	80,321 (100.0)	68,730	(85.6)	5,128	(6.4)	1,528	(1.9)
2002	94,275 (100.0)	80,432	(85.3)	4,624	(4.9)	1,795	(1.9)

資料：*Hong Kong External Trade*, December issues.

これは表27とは正反対に,香港からの再輸出(原産地ベース)の「仕向地区分」を示す。表27の場合は仕向地ベースの再輸出の原産地区分だったのから対照的である。この表28の結果も面白い。

(1) まず(a)「対アメリカ」について,香港からのアメリカ原産品再輸出の仕向地区分をみると,中国の比重は最初は1980年に10.7%だったのが次第に高められて,2002年には76.8%に増大している。けれども,アメリカに戻っていく部分,日本に流れる割合は非常に少ない。

(2) (b)「対中国」では,中国原産品のアメリカに仕向けられる割合は,ほぼ3分の1であって,1980〜2001年の間大きな変化はない。これは中国原産品の再輸出がEUや他の東アジア諸国にも分散していることを示す。

(3) (c)「対日本」をみると,そこでは日本原産品の中国に仕向けられた比率が1980〜2002年の間に,15.4%から80.3%に上昇したことが示される。

(4) (d)「対台湾」をみると,台湾原産品の再輸出のうち,中国に吸収される割合が,この20年余に56.5%から85〜90%前後に増大したことが示される。中国・台湾の経済関係が政治的にはともかく経済的には著しく密接であることが示される。

第4節　企業の対広東大量進出

1990年代の香港経済が示した大きな特徴として次の2点に注目したい。一つは中国本土,なかんずく広東省との間に進行拡大した「加工貿易」の急テンポの拡大である。そして,もう一つは,香港の製造業のプラントの対広東移動である。そのスケールの大きさは

際立っており、それは普通だったら経済の成長に深刻な打撃を与えるほどのものであった。以上2点のうち、まず第1点の対本土加工貿易の拡大から入っていきたい。

1. 対香港加工貿易の進展――「来料加工」と「進料加工」

1989年以降香港側から毎年、表29のようなスタイルで対中国本土「加工輸出入」の数字が推計発表されている。ここに、「加工輸入」というときには、香港側が中国本土に部品・材料などを提供して加工した製品を「輸入」する場合を指す。この場合、香港企業が本土に進出しないで、加工依頼を行い、ただ、コミッションを支払うだけの場合と、進出して自らの判断でその加工を行ってこれを輸入する場合の2つのケースがある。これに対して、「加工輸出」というときには、香港側がたとえば広東から輸入された材料・部品に加工・組立を行って広東に「加工輸出」するというケースである。

表29をみると、対中国本土「加工輸入」は、1989年の1,136億HKドルから2002年には5,253億HKドルへと4.02倍の増大を示している。これに対して、「加工輸出」の方は同じ期間768億HKドルから、2,743億HKドルへと3.57倍の増加を示すにとどまっている。明らかに香港は中国本土に対し「加工輸入＞加工輸出」の関係を示している。しかも、2002年において、香港の加工輸入5,253億HKドルは、対中国加工輸出2,743億HKドルに対して1.9倍であった。しかも、対中国総輸出額に占める加工輸出の比重は2002年において45.1％であるが、2000年の52.0％は1989年の53.0％とは大差ない。これに対して、中国からの総輸入の中で香港側の加工輸入の占める割合は、1989年の58.1％が2000年には79.3％、2002年には73.8％という高さに上昇した。その1996～2002年間におけるこの平

表29 対中国本土加工貿易

(単位:10億HKドル)

	対中国本土				中国原産品の他地域への再輸出
	総輸出	地場輸出	再輸出	輸入	
	加工貿易額の推定値				
1989	76.8	32.0	44.9	113.6	
1990	91.9	36.4	55.5	145.1	
1991	113.9	40.4	73.6	197.4	221.5
1992	141.6	44.3	97.4	254.0	299.8
1993	160.2	45.1	115.0	295.2	364.5
1994	181.2	42.0	139.2	354.9	422.5
1995	217.6	43.9	173.7	399.6	492.5
1996	222.3	43.1	179.2	452.9	552.8
1997	244.9	47.1	197.8	491.1	595.5
1998	221.3	42.2	179.1	477.7	559.7
1999	235.6	37.7	197.9	487.5	570.1
2000	282.2	39.3	242.9	567.0	647.3
2001	259.3	35.2	224.4	532.0	578.3
2002	274.3	28.6	245.7	525.3	590.8

(単位:%)

	対中国貿易全体の中での上記が占める割合の推定値				
1989	53.0	76.0	43.6	58.1	
1990	58.8	79.0	50.3	61.8	
1991	55.5	76.5	48.2	67.6	74.1
1992	52.4	74.3	46.2	72.1	78.3
1993	47.9	74.0	42.1	73.8	80.8
1994	47.7	71.4	43.3	75.9	82.0
1995	49.0	71.4	45.4	74.4	82.2
1996	46.9	72.8	43.2	79.9	86.0
1997	48.6	76.1	44.7	81.2	88.4
1998	48.1	77.4	44.1	82.7	87.6
1999	52.6	75.9	49.7	80.5	86.6
2000	52.0	72.7	49.7	79.3	85.1
2001	47.5	71.0	45.2	78.0	82.2
2002	45.1	69.7	43.3	73.8	82.5

資料:*Hong Kong Monthly Digest of Statistics*; *Hong Kong External Trade*, December issues.

均値は79.3%だから，現在では加工輸入は総輸入の8割に達しているといっても差し支えない。

狭い香港で人手不足，賃金高がどんどん進んでいけば，香港は工場を華南地区に移して，加工輸入部分をますます多くするのが得策であろう。表29の計数はこうした経済的必然性を的確に物語っているといってよい。

ところで，ここに一つの問題が生ずる。ここでは outward processing をただ「加工貿易」と訳したが，日本での大多数の訳語は「委託加工貿易」となっている。私もこれまでは，この慣例に従ってきた。しかし，どうやらこれは「誤訳」だと思うようになった。表30をみていただきたい。『広東統計年鑑』には，「来料加工」と「進料加工」という表現が総輸出入の一部を構成するものとして掲げられている。ここに「来料加工」には "Processing and Assembling with Customer's Materials" という説明がつけてある。これに対して，「進料加工」は "Processing and Assembling with Import Materials" と訳されている。ここで，「来料加工」の方は，企業は広東に出て行かないで，香港側から送られた材料・部品をただ広東側で加工し，コミッションを支払うだけの仕事を指す。いわばこれが伝統的な「広東型委託加工」である。しかし，広東に出て行った企業が自らの判断で輸入した材料・部品に加工・組立を加え，これを香港に輸出する場合もある。実は，企業の外貨保有規制が行われている中国では，進出企業が輸入原料を入手しようとする場合には，その輸入に必要な「外貨」を手に入れる必要があり，その許可を得る必要がある。「進料加工」の英文での説明に際して，とくに "……with import Materials" とあるのは，企業進出ないし「直接投資」を前提とした加工貿易の場合には，外貨を入手して原料の

表30 「来料加工」・「進料加工」と対中国「加工輸入」

	広東					香港	広東
	来料加工	進料加工		為替レート HKドル/USドル	(A+B) ×為替レート	対中国本土 加工輸入	外商投資
	(億USドル) A	(億USドル) B	(億USドル) A+B	(HKドル)	(億HKドル) C	(億HKドル) D	(億USドル) E
1984	2.57	0.73	3.30	7.82	26		0.73
1985	2.73	2.21	4.94	7.79	38		2.21
1986	3.51	3.87	7.38	7.80	58		3.87
1987	51.86	15.65	67.51	7.80	527		15.65
1988	71.10	26.76	97.86	7.81	764		18.18
1989	82.50	45.60	128.10	7.79	998	1,136	35.81
1990	91.65	68.42	160.07	7.79	1,247	1,451	54.81
1991	110.87	93.57	204.44	7.77	1,588	1,974	79.25
1992	131.47	121.15	252.62	7.74	1,955	2,140	107.87
1993	136.49	154.87	291.36	7.73	2,252	2,952	143.66
1994	150.78	211.36	362.14	7.73	2,799	3,549	198.14
1995	159.36	263.40	422.76	7.74	3,272	3,996	257.59
1996	168.58	302.98	471.56	7.73	4,793	4,529	306.92
1997	192.57	355.74	548.31	7.74	4,244	4,911	367.94
1998	202.55	381.06	583.61	7.75	4,523	4,777	391.76
1999	236.03	367.95	603.98	7.76	4,687	4,875	394.18
2000	265.80	452.00	717.80	7.79	5,592	5,670	495.09
2001	274.89	490.13	765.02	7.80	5,967	5,320	543.72

資料：A, B, E→『広東統計年鑑』；C → *Hong Kong Monthly Abstract of Statistics*.
注：1987年の「外商投資」は『広東統計年鑑』には欠落している。しかし、1984～86年間進料加工と外商投資の計数は同一なので、ここでは1987年についても同一とみなした。

輸入が行われる必要があることを意味する。

　一方、「委託加工」というときには、"with Customer's Materials"という形容詞句がつかざるをえない。他方、「進料加工」という場合は、伝統的な委託加工を超えて企業が進出して、外貨を使って必要資材を獲得・加工する行為を含む内容のものになると判断される。ところが、表30をみると、この「来料加工」と「進料加

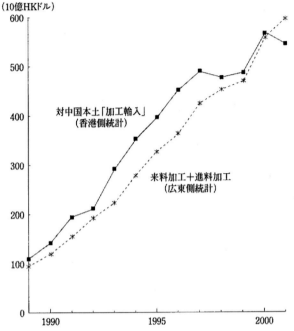

図24　対中国本土「加工輸入」vs「来料加工＋進料加工」

工」を合算した輸出金額をHKドル単位に換算すると，ほぼ香港側がoutward processingと称する「加工輸入金額」に近似する。ただ香港側の計数が幾分高いのは，それにはわずかながら，上海その他から入ってくる加工輸入が含まれているためであろう（これは図24でも示される）。しかし，香港の対中加工輸入が「来料加工」と「進料加工」の合計に近似しているということは，香港側が発表しているoutward processingの形の加工輸入には伝統的な委託加工輸入だけでなくて，進出企業の直接投資を伴う加工輸入までを含

んでいることを示す。これを「委託加工輸入」と訳すことは、それゆえ誤訳である。私もこれまではこの誤訳に従ってきたが、今後はその慣例から離脱すべきだと考える。

ついでながら、表30には、一方では広東側が"貿易形態"に従って、「進料加工」の計数を示しているが、他方では"ownershipベース"に従って、「外商投資」(foreign funded investment) というカテゴリーの計数も別掲している。表30におけるE欄はこれだが、これが「貿易形態」での「進料加工」にほぼ対応する。両者の計数は、2000年において452.00億USドル対495.09億USドル、1995年においては263.40億USドルに対して、257.59億HKドルであったから、両者の差は中国の統計にしてはきわめて小さい。むしろ、両者には密接に対応性があると考えるべきである。この点から考えても、香港側のoutward processingは「進料加工」分を含んでおり、それには伝統的な委託加工分をかなり超えた金額であることは疑問の余地はない。

いま表30から、「来料加工」と「進料加工」を取り出して、1990年と2000年とを比較してみる。

(単位：億USドル)

	1990	2000
a．来料加工	91.65 (100)	265.80 (290)
b．進料加工	68.42 (100)	452.00 (661)
b/a	74.7%	170.1%

この結果は、この10年間に、中国側からみて進料加工輸出が6.6倍にふえ、来料加工輸出の2.9倍という増加を大きく上回っていることを示している。同じことだが、進料加工／来料加工比率が輸出面では75%から170%に増大しているという事実を教えてくれる。

したがって，伝統的な「委託加工」という表現は outward processing の訳語として不適当なことは，もはやこの点から考えても明らかである。

2．香港経済と製造業の急転回

1990年代の香港の製造業には，過去10ヵ年，何かドラスチックな構造変化（restructuring）が進行し続けたかに思われる。しかも，これが普通の常識的判断を超える速度で進行したと考えられるから興味深い。

現に，要素費用ベースのGDPに占める製造業の比重を計算すると，1980年が23.6％，85年が22.0％，90年が17.5％，95年が8.3％，2000年が5.8％，そして2001年が5.2％であるから，製造業の比重の低下は90年代に入ってから特に著しい。ただその比重の低落があまりに急テンポであるため，人によっては香港経済の「空洞化」という表現を用いる向きもなかったではない。しかし，果たしてその見解は正当化できるであろうか。

香港の実質GDPの平均成長率は，1981～85年間は5.6％であった。そして，1986～90年間は7.6％，1991～95年間は5.6％であった。そして1996～2000年平均は3.6％となったが，アジア通貨危機直後の98年を除くと，5.8％がその平均値となる。それゆえ，80～90年代は5～7％の成長率を持続させる成長力を香港は十分に維持し続けたということができる。このアジアNIEs的な成長力を念頭に入れると，空洞化という表現の使用には問題が残る。

しかし，それにしても製造業の比重の90年代における低落傾向はあまりにも大きすぎる。いま図25に，要素費用表示のGDPに占める製造業の割合を図示すると，ともかく1988年までは20％を超えて

図25 香港・要素費用 GDP に占める製造業の比重

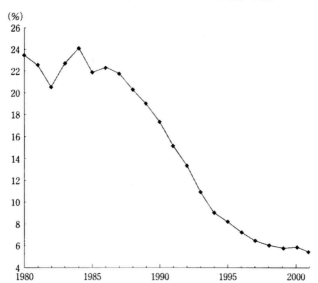

資料：Hong Kong Census and Statistics Department, *Special Report on Gross Domestic Product*, August 2002.

いた製造業の比重も,「89年以降」は急角度に低下していく。したがって,この一点に,特別の注意を払って分析を加える必要がある。GDPベースの成長力がそれほど低下していない状況の下で,なぜに製造業の比重がかくも急テンポで低下せざるをえなかったのだろうか。また,製造業のGDPに占める比重が88年の20.4％から96年の7.3％に急低下したその局面で,香港がなぜ依然として5％前後のGDP成長率を維持しえたのであろうか。98年の通貨危機のときとか,2001〜02年のアメリカ景気の後退にもとづく成長率の低下は全く別の理由によると考えられ,空洞化からくるものとは考えられ

表31 香港における事業所数・就業者数の推移（民間）

(単位：1000，（ ）内%)

	製 造 業					
	事業所数 a		就業者数 b		b/a	
1980	45.0	(100.0)	907.5	(100.0)	20.2	(100.0)
1985	45.9	(102.0)	847.6	(93.4)	18.5	(91.6)
1990	49.4	(109.8)	715.6	(78.9)	14.5	(71.8)
1995	30.8	(68.4)	375.8	(41.4)	12.2	(60.3)
2000	21.2	(47.1)	226.2	(24.9)	10.7	(53.0)
	貿 易 業					
	事業所数 a		就業者数 b		b/a	
1980	17.5	(100.0)	113.8	(100.0)	6.5	(100.0)
1985	32.9	(188.0)	191.9	(168.6)	5.8	(89.0)
1990	62.7	(358.3)	341.6	(300.2)	5.4	(83.0)
1995	105.7	(604.0)	519.9	(456.9)	4.9	(75.0)
2000	101.6	(580.6)	509.4	(447.6)	5.0	(77.0)
	金 融 ・ 保 険 ・ 不 動 産 業					
	事業所数 a		就業者数 b		b/a	
1980	10.9	(100.0)	131.6	(100.0)	12.1	(100.0)
1985	15.7	(144.0)	180.9	(137.5)	11.5	(95.0)
1990	30.1	(276.1)	276.6	(210.2)	9.2	(76.0)
1995	46.9	(430.3)	378.2	(287.4)	8.1	(66.9)
2000	51.9	(476.1)	434.1	(329.9)	8.4	(69.4)
	運 輸 ・ 通 信 ・ 倉 庫 業					
	事業所数 a		就業者数 b		b/a	
1980	2.8	(100.0)	77.3	(100.0)	27.6	(100.0)
1985	3.6	(128.6)	95.4	(123.4)	26.5	(96.0)
1990	6.1	(217.9)	132.8	(171.8)	21.8	(79.0)
1995	9.2	(328.6)	172.2	(222.8)	18.7	(67.8)
2000	10.4	(371.4)	176.9	(228.8)	17.0	(61.6)

資料：*Hong Kong Annual Digest of Statistics*; *Hong Kong Monthly Digest of Statistics*.

ない。

香港には，日本の事業所統計に類する調査が毎年発表されている。いま表31で，1980年から2000年に至る20年間，5ヵ年おきに事業所数・就業者数の推移を主要業種別に調べてみよう。製造業の就業者数は，1980～2000年間に90万7,500人から22万6,200人へと4分の1に低下している。他方，貿易業の就業者数は，その間4.48倍に増大し，金融・保険・不動産業の就業者数は3.30倍，運輸・通信・倉庫業の就業者数は2.29倍に増えている。このサービス産業の就業者数の増大に比べると，製造業の就業者数はむしろ激減といってよいくらいの変化を示している。

もう一つ注意しなければならないのは，表32をみていただくと，製造業における1事業所当りの就業者数だが，これは1980年には19.7人，1989年には15.7人，そして2000年には，わずか10.7人と，非常な零細化が急テンポで進展している感じを与えずにはおかない。もとより，これは製造業全体の調査結果である。これが全規模にわたる工場数の急減を物語るかどうかを判断するには，「規模別のチェック」にまで立ち入ることが必要である。ある程度規模の大きな工場が依然として存続する一方で，零細規模の事業所の比重がただ相対的に増大しただけかもしれないからである。

3．製造業 —— 規模別分析

いま香港の製造業における就業者「200人以上」の事業所をとると，その規模での「事業所数」は1975年から84年までの間は，平均が531であり，75年の484を除けば，すべての年次において500を超えていた。それが，86年の538まではよいとして89年になると450に低下したあと，その後は一路減少の度を強め，1995年185，そして

表32 香港製造業事業所統計（規模別構造）

(( ) 内%)

		1〜49人規模	50〜199人規模	200人以上規模	総計
事業所数	1975	28,331 (59.8)	2,219 (81.4)	484 (107.6)	31,034 (61.4)
	1980	41,836 (88.3)	3,006 (110.2)	567 (126.0)	45,409 (89.8)
	1984	45,392 (95.8)	3,037 (111.4)	563 (125.1)	48,992 (96.9)
	1989	47,388 (100.0)	2,727 (100.0)	450 (100.0)	50,566 (100.0)
	1995	29,518 (62.3)	1,058 (38.8)	185 (41.1)	30,761 (60.8)
	2000	20,566 (43.4)	564 (20.7)	118 (26.2)	21,248 (42.0)
就業者数(千人)	1975	249.5 (67.9)	205.4 (89.3)	234.0 (120.6)	688.5 (87.0)
	1980	368.2 (100.3)	267.6 (116.3)	256.2 (132.0)	892.1 (112.7)
	1984	383.2 (104.4)	271.0 (117.8)	250.5 (129.1)	904.7 (114.3)
	1989	367.2 (100.0)	230.1 (100.0)	194.1 (100.0)	791.5 (100.0)
	1995	191.6 (52.2)	93.3 (40.5)	90.9 (46.8)	375.8 (47.5)
	2000	115.5 (31.5)	49.5 (21.5)	61.3 (31.6)	226.2 (28.6)
就業者数(人)一事業所当り	1975	8.81 (113.7)	92.56 (109.7)	483.47 (112.1)	22.19 (141.8)
	1980	8.80 (113.5)	89.02 (105.5)	451.85 (104.8)	19.65 (125.6)
	1984	8.44 (108.9)	89.23 (105.7)	444.93 (103.2)	18.47 (118.0)
	1989	7.75 (100.0)	84.38 (100.0)	431.33 (100.0)	15.65 (100.0)
	1995	6.49 (83.7)	88.19 (104.5)	491.35 (113.9)	12.22 (78.1)
	2000	5.62 (72.5)	87.77 (104.0)	519.49 (120.4)	10.65 (68.1)

資料：*Hong Kong Monthly (Annual) Digest of Statistics*.
注：1. 1〜49人、50〜199人、200人以上の3規模への集計は筆者が行った。
   2. 1975, 80, 84年は毎年9月末, 1989, 95, 2000年は12月末。
   3. 1989年＝100としたのは、香港における対中国加工貿易の推計が89年から行われたことに留意したのである。

2000年には118へと激減する。それゆえ、89年対比で2000年は実に26%という低位の水準に落ち込んだことになる。

いま、1975〜2000年の25ヵ年から、限られた年次ではあるが6ヵ年を選び、規模別に製造業事業所数、就業者数、1事業所当り就業者数を表32にまとめ、これを括弧内に1989年＝100のインデックスに表してみた。1989年＝100にした理由は、香港側で対中国本土とのoutward processing（加工貿易）の金額を推計し始めたのは

1989年であり,多分この時点を基準時点に選ぶことは適切だろうと考えたからである。

同じ200人以上規模のみをとり,事業所数でなくて,今度は「就業者数」の動きを調べてみる。そうすると,200人以上規模での就業者数は,1975～86年間23.9万人が平均となる。それが,89年19.4万人,95年9.1万人,2000年6.1万人へと推移し,89年対比で2000年には31％の低位に落ち込んでしまったことが判明する。

他方,この表32から,「製造業全体」について1事業所当り就業者数をみたとき,1980年の19.7人から2000年10.7人へと著しい「零細化」が進行したという印象を与えずにはおかない。しかし,これを「200人以上規模」に限定して観察したときには,全く異なった帰結が導かれる。1事業所当りの就業者数は1975年483人,80年452人,84年445人,89年431人,そして95年491人,2000年519人と,90年代後期には,むしろ若干上昇の気配さえ見出されるのである。したがって,1事業所当たりの就業者数の動きは,たとえ製造業全体としては零細化の印象を与えたとしても,200人以上の比較的大きな規模の工場に分析を限定したときには,零細化の事実は全然生じていない。

ついでながら,私は香港で90年代に製造業の事業所数,就業者数が大幅に減少したのは,いわゆる対中国本土加工貿易が90年代に急展開し,香港企業の大量の対華南地区進出が発生した結果であるという仮説を抱いている。そして,それなしには,このように,ドラマチックな"restructuring"が香港の製造業に発生するはずがない。

ところで,図26でみられるように,一方事業所数は,1～49人規模では1989年までは,むしろ一貫して増大過程にあった。ただ50～199人規模に限ると,これが1981年まで上昇していたことがわ

図26 香港事業所規模別統計〔I〕：製造業規模別「事業所数」

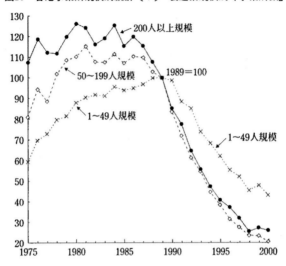

かる。他方，図27で示される就業者数では，両規模とも，1981年までこれが上昇過程を示した事実が発見される。これらの小規模グループでは，90年代とは全く正反対に当時は事業所数・就業者数の両方とも拡大の過程を辿ったことが確認できる。香港経済の拡大は小規模工業の拡大過程でもあったというわけである。

他方，表32でみられるように，たとえ全体として製造業で「1事業所当り就業者数」が顕著な低下の過程を辿っていたとしても（1975年22.19人，2000年10.65人），規模別にみると，50〜199人規模，200人以上規模では比較的安定しており，ただ1〜49人規模でのみ1980〜90年代を通じて一貫した低落傾向を示していたことが見出される。その意味では，全体としての1事業所当り就業者数の低落傾向は，もっぱら最低位規模（1〜49人規模）の動きを反映して

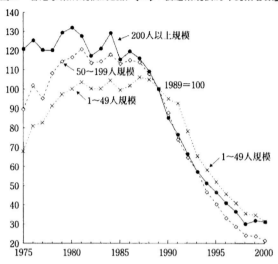

図27 香港事業所規模別統計〔II〕:製造業規模別「就業者数」

いたということができる。

4. 業種別分析

ただ製造業を規模別に分析したといっても、その「業種別変化」がどうなっているかを明らかにしなければ、その分析には何かが欠落している感なしとしない。

そこで、図28と図29に、それぞれ「事業所数」と「就業者数」の業種別変化を図示してみた。両図の上部(a)には、アパレル、繊維製品、プラスチック製品、印刷・出版といった軽工業、下部(b)には金属製品、機械器具、電機、精密・光学・事務用機器が示される。これから導かれる一般的印象は次のごとくである。

(1) 印刷・出版業を除いて、例外なく90年代の対本土「加工輸入」

図28 香港「事業所数」の業種別変動

(a) 軽工業，印刷出版業

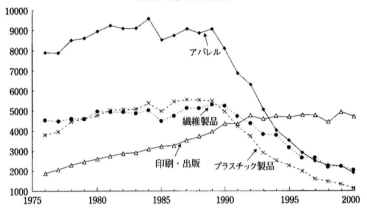

(b) 機械・金属製品

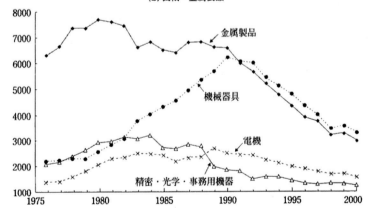

第3章 広東と一体化する香港　115

図29　香港・「就業者数」の業種別変動

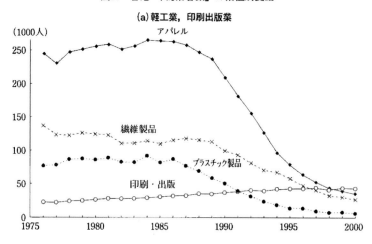

(a) 軽工業，印刷出版業

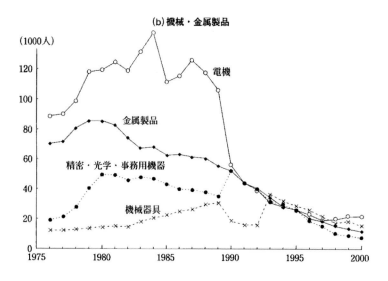

(b) 機械・金属製品

(2) 印刷・出版業の事業所数は80年代までは、繊維やプラスチックよりも低位にあったが、90年代に入ると、これが逆転し、過去において生じたことのない現象、つまり事業所数が繊維やプラスチックを上回り、さらに金属・機械関連さえをも上回るという結果を示すに至った。これは対中国本土への事業所シフト現象の中には入らない「例外的」業種であることを示す。これは、われわれが香港で出版される学術書（例・Oxford University Press）にひんぱんに出くわすようになった現象と無関係ではない。

(3) 80年代にあっては、事業所数でみると、アパレルは8,000ないし9,000、繊維・プラスチックではそれぞれ4,000ないし5,000、そして金属製品では6,000～7,000台にあることが目立っていた。就業者数でみても、アパレルは25万人前後、繊維11～12万人、電機は12万人といった年次が続いた。しかし、事業所数でも就業者数でも、90年代になると、広東への立地シフトの影響であろう。これらの数字の急テンポの減少が発生した。

(4) 表33でみられる1989～2000年の間の事業所数・就業者数の減少はすさまじいものがあった。以下に、それぞれの2000/1989年比を7つの主要業種について示しておく。

	事業所数	就業者数
アパレル	0.21	0.15
繊維	0.39	0.24
プラスチック	0.21	0.12
金属製品	0.35	0.20
機械	0.50	0.50
電機	0.16	0.20
精密機器	0.45	0.20
〔製造業総数〕	0.42	0.29

第3章　広東と一体化する香港　117

表33　香港・製造事業所数・就業者数の業種別変動

(( )内%)

	(1976年9月)			(1989年12月)			(2000年12月)			
	事業所数 A_1	就業者数(人) B_1	(人) B_1/A_1	事業所数 A_2	就業者数(人) B_2	(人) B_2/A_2	事業所数 A_3	就業者数(人) B_3	(人) B_3/A_3	[B_3-B_2] (人)
アパレル	7,946	244,510	30.8	9,116	237,345	26.0	1,953	36,330	18.6	−201,015 (35.6)
繊維製品	4,578	137,315	30.0	5,366	113,487	21.1	2,077	27,489	13.2	−85,998 (15.2)
印刷・出版	1,881	22,353	11.9	3,998	35,351	8.8	4,785	43,849	9.2	8,498 (−1.5)
プラスチック製品	3,844	76,994	20.0	5,553	59,248	10.7	1,171	7,108	6.1	−52,176 (9.2)
金属製品	6,113	69,781	11.4	6,497	54,670	8.4	2,293	11,185	4.9	−43,485 (7.7)
機械	1,354	11,971	8.8	5,392	29,621	5.5	2,678	14,901	5.6	−14,720 (2.6)
電機	1,228	88,057	71.7	2,135	105,985	49.6	339	20,943	61.8	−85,042 (15.0)
精密・光学・事務用機器	442	18,449	41.7	1,569	34,047	21.7	699	6,918	9.9	−27,129 (4.8)
小　計	27,386 (75.4)	119,430 (86.5)	24.4	39,626 (78.4)	669,754 (84.6)	16.9	15,995 (75.3)	168,723 (74.6)	10.5	−501,031 (99.2)
製造業総数	36,303 (100.0)	773,746 (100.0)	21.3	50,566 (100.0)	791,519 (100.0)	15.7	21,248 (100.0)	226,205 (100.0)	10.6	−565,314 (100.0)

資料：*Hong Kong Annual Digest of Satistics*.
注：計数の大きな業種のみを選んだ。その合計は「小計」で示される。これだけで、製造業総数の7〜8割に達する。

製造業全体の事業所数は,1989年を100として42%になっているが,アパレル・プラスチックはそれぞれ21%,電機は16%となるから,これらの対華南地区移動は著しいものがあったと思われる。就業者数でみても,アパレル15%,プラスチック12%,電機,精密機器,金属製品は20%とほぼ事業所の減少に対応した低落がみられる。

(5) いま就業者数の1989~2000年間の減少を実数で調べてみると,製造業全体では56.5万人だが,そのうち20.1万人(35.6%)はアパレル,8.6万人(15.2%)は繊維製品,そして機械,電機,精密機器,金属製品は合わせて17.0万人(30.1%)というから,対華南移動は印刷・出版を除けばほとんどの全業種にわたる現象だったということができる。

(6) ただ,これは,1989~2000年の間の現象である。それ以前の1976~89年の正常の発展期間における製造業の就業者数の変化のパターンは全くそれとは異なっていた。その23年間の,製造業全体の就業者数の増加は17,773人であったが,そのうちアパレル・繊維製品は合わせて30,993人減(-174%),そしてプラスチック・金属製品は合わせて32,821人減(-185%)だったが,機械・電機・精密機器は合わせて51,176人増(+287.9%)という構造になっていた。これは,機械関連の就業者数が製造業全体の中で15.3%から21.4%に増加した結果だともいえる。この正常の発展パターンに比較すると,1989~2000年の間の変化は驚天動地的な動きであったといえよう。

(7) いわば,広東と香港が一体化ないし融合する過程で,香港の製造業が華南地区の低賃金労働力を十二分に活用する局面に至って不可避的に必要とされる産業構造上の変化を現実化した姿である。

(8) その結果,香港は一方では,貿易・金融関連サービス産業を

発展させたが,他方,製造業の中でその相対的比重を拡大したのは,すでに指摘したように,印刷・出版業くらいのものにならざるをえなかった。このような激動期の変動パターンは正常期にみられるように,アパレル・繊維の比重の漸次的低下と,機械関連の比重の持続的な拡大といった工業発展の型とは大きく相違している。ただそれは空洞化というには程遠い特異な現象である。香港と華南地区が一体化した結果,香港経済が辿らざるをえない一つの望ましい発展過程だといえよう。それは,上海を筆頭とする長江デルタ地区と,香港を内に含む華南地区が,中国の沿岸地区を活性化し,発展させるというきわめて合理的かつ必然的なプロセスを辿っただけだと観察せねばならない。

第4章　シンガポールと香港の比較

　東アジアの中継貿易港にはシンガポールと香港がある。したがって，本来ならば両者をコンビにして分析するのが適当かもしれない。しかし，香港からはより詳細な貿易統計が得られること，しかも中国との経済的関係の強まりという点に注目を払ったため，以上ではまず香港に重点をおき，特に，これを取り出して分析した次第である。

　ただ，ここに簡単ながら，最後に補論的に香港とシンガポールの比較分析を挿入させていただく。まず表34に，内閣府の『海外経済データ』に収められている統計から，個々のアジアNIEsの輸出パフォーマンスを抽出し，その中でシンガポールと香港を比較してみよう。表34の第1段にはNIEs 4ヵ国の輸出総額（USドル）が，1985-90-95-2000年の4ヵ年について示されている。85年から2000年までの伸びはシンガポールが5.9倍なのに，香港は6.4倍と高い。輸出金額も2000年において，シンガポールは1,356億USドルなのに，香港は1,929億USドルで，香港の方が42％も大きい。しかも，香港の対シンガポール優位の度合いは85年の32％からずっと一貫している。しかも，香港の輸出額は韓国・台湾よりも大きいことが注目される。

　表34の第2段にある「対米輸出」をみると，1985/2000年対比ではたしかに香港よりはシンガポールの伸びが大である（4.7倍

表34 アジア NIEs の中の香港の輸出パフォーマンス（輸出の伸びの比較）

(単位：10億USドル，（ ）内%)

	輸 出 〔総額〕				
	韓 国	台 湾	シンガポール	香 港	香港／シンガポール
1985	30.3 (100.0)	30.7 (100.0)	22.8 (100.0)	30.2 (100.0)	1.32
1990	65.0 (214.5)	67.2 (219.0)	52.8 (231.6)	82.2 (272.2)	1.56
1995	125.1 (412.9)	111.7 (363.8)	118.2 (518.4)	173.6 (574.8)	1.47
2000	172.3 (568.6)	148.3 (483.1)	135.6 (594.7)	192.9 (638.7)	1.42
	うち〔対米輸出〕				
1985	10.8 (100.0)	14.8 (100.0)	4.8 (100.0)	9.3 (100.0)	1.94
1990	19.4 (179.6)	21.7 (146.6)	11.2 (233.3)	19.8 (212.9)	1.77
1995	24.1 (223.1)	26.4 (178.4)	21.6 (450.0)	37.9 (407.5)	1.75
2000	37.6 (348.1)	34.8 (235.1)	22.6 (470.8)	41.2 (443.0)	1.82
	うち〔対日輸出〕				
1985	4.5 (100.0)	3.5 (100.0)	2.1 (100.0)	1.3 (100.0)	0.62
1990	12.6 (280.0)	8.3 (237.1)	4.6 (219.0)	4.7 (361.5)	1.02
1995	17.0 (377.8)	13.2 (377.1)	9.2 (438.1)	10.5 (807.7)	1.14
2000	20.4 (453.3)	16.6 (474.3)	10.0 (476.2)	10.3 (792.3)	1.04
	うち〔対欧輸出〕—英・仏・伊・西独—				
1985	2.4 (100.0)	1.9 (100.0)	1.7 (100.0)	3.0 (100.0)	1.76
1990	6.5 (270.8)	7.3 (384.2)	5.4 (317.6)	10.9 (363.3)	2.02
1995	11.3 (470.8)	8.5 (447.4)	9.9 (582.4)	17.5 (583.3)	1.77
2000	14.2 (591.7)	10.2 (536.8)	10.6 (623.5)	20.4 (680.0)	1.92

資料：内閣府『海外経済データ』。

vs4.4倍）。しかし，伸びは別として金額は香港の方が大きい。2000年では金額が82％も香港の方が大きいからである。さらに香港の「対日輸出」，「対欧輸出」の伸びは対米輸出よりは大きい。しかし，金額は小さい。ただ対日輸出・対欧輸出を合わせて得た金額は対米輸出額に近くなる。

表35に移る。その最右端に，1980～2000年間の輸出の増大倍率が

表35 世界の輸出額と東アジア

(単位:10億USドル)

	1980	1985	1990	1995	2000	1990/1980	2000/1990	2000/1980
世 界	1,932.0	1,876.0	3,423.0	5,100.0	6,243.1	1.77倍	1.82倍	3.23倍
日 本	130.4	177.2	287.6	443.1	516.5	2.21	1.80	3.96
韓 国	17.5	30.3	65.0	125.1	172.3	3.71	2.65	9.85
台 湾	19.8	30.7	67.1	111.6	148.3	3.39	2.21	7.49
香 港	19.7	30.2	82.2	173.8	202.1	4.17	2.46	10.26
シンガポール	19.4	22.8	52.7	118.3	137.8	2.72	2.61	7.10
(NIEs4小計)	76.4	114.0	267.0	528.8	660.5	3.49	2.47	8.65
マレーシア	12.9	15.3	29.4	73.9	98.1	2.28	3.34	7.60
タ イ	6.5	7.1	23.1	55.7	67.9	3.55	2.94	10.45
フィリピン	5.3	5.0	7.9	17.4	38.1	1.49	4.82	7.19
インドネシア	21.9	18.6	25.7	45.4	62.0	1.17	2.41	2.83
(ASEAN4小計)	46.6	64.6	86.1	192.4	266.1	1.85	3.09	5.71
中 国	18.1	27.4	62.1	148.8	249.2	3.43	4.01	13.77
東アジア	271.5	383.2	702.8	1,313.1	1,692.3	2.59	2.41	6.23

資料:IMF, *International Financial Statistics*.

計算されている。香港は10.3倍,シンガポールは7.1倍である。多少表34の数字と食い違いはあるが,輸出金額も2000年において香港が2,021億USドルであるのに対して,シンガポールは1,378億USドルである。全世界の輸出額に対する割合を計算してみると,香港・シンガポールとも1980年にはそれぞれ1％にすぎなかったのが,1990年には2.4％,1.5％と伸び,2000年にはこれが3.2％,2.2％へと拡大している。2000年には結局両者合わせて5.4％と増大したことになる。東アジアのこの2つの小国の世界に占める比重が合わせて5％を超えたことは特記に値する。

ちょうどそのとき,世界における中国の輸出の比重が1980年0.9

%，1990年の1.8%，1995年の2.9%から，さらに2000年には4.0%へと飛躍した。この中国に編入された香港の輸出は2000年に2,021億USドルとなり，シンガポールの1,378億USドルを47%も上回ったことはけっして不思議なことではない。マレーシア，タイ，インドネシアに近接するシンガポールよりは，中国に近接する香港の方が高い輸出成長率を示したことはむしろ当然の帰結であろう。

表35から，日本を含む東アジア全体の中で香港・シンガポールの輸出の比重を計算してみると，

(単位：%)

	1980	1985	1990	1995	2000
香港	7.3	7.9	11.7	13.2	11.9
シンガポール	7.1	5.9	7.5	9.0	8.1
計	14.4	13.8	19.2	22.3	20.1

となり，この20年間に香港の輸出割合は7.3%から11.9%に増加する。シンガポールの割合は7.1%から8.1%に増加する。両者を併せると，14.4%から20.1%に増大したという結果を得る。

ただ，東アジアから日本を除いて計算すると，

	1980	2000	2000/1980
香港	19.7 (14.0)	202.1 (17.2)	10.26倍
シンガポール	19.4 (13.7)	137.8 (11.7)	7.10
計	39.1 (27.7)	339.9 (28.9)	8.69
日本を除く東アジア	141.1 (100.0)	1175.8 (100.0)	8.33

香港・シンガポールを合わせた輸出のその中での比重は，1980年の27.7%が2000年の28.9%になった程度で，20年間の倍率も，香港・シンガポールの計が8.69倍，日本を除く東アジアが8.33倍で，倍率に顕著な差はない。しかし，そうした中で，香港だけをとると，日

本を除く東アジアの中での比重は1980年の14.0％から2000年には17.2％に増大する。香港自体の輸出額もその間10.26倍で,シンガポール7.10倍を超える結果を得ている。これというのも,この20年間に生じた中国の非常に大きな発展,それをリードした輸出伸長（USドル単位で輸出の13.77倍）にひきずられたという側面が大きかったといわねばならない。

　もちろん,それを可能にした香港内部でも諸般のイノベーションや構造変化は,既述のように無視してはならない側面である。

　ただ以上は,あくまで総輸出額での香港・シンガポールの比較である。それは主要輸出商品ごとに示された輸出シェアの比較ではない。そこで,海外市場から,「アメリカ市場」,「中国市場」,「EU市場」,「日本市場」を取り上げ,これら主要海外市場で,主要輸出商品がその市場ごとにどのようなシェアを占めているかを,香港とシンガポールについてチェックしてみよう（表36）。1998〜2000年という短い時期をとったのは,過去に遡ろうとしてもデータの欠落のため連続的な時系列が得られなかったためである。

　まず「アメリカ市場」についてみると,第1に,アパレル・衣類では香港の輸出シェアが7〜8％という比較的高い結果を得る。他方,事務用機器においては,香港が0.3〜0.4％程度のシェアなのに,シンガポールは10〜15％というきわめて高い輸出シェアが導かれる。

　次に,「中国市場」だが,電機・音響機器では地理的近接のためであろう。シンガポールが2.8〜3.2％のシェアにすぎないのに対して,香港は6〜7％程度のちょっと高いシェアを確保している。光学用精密機器でも,香港の方が6〜7％程度なのにシンガポールは1.7〜1.9％というシェアにとどまっている。人絹織物についても,香港は6.2〜7.7％という結果を得ているのに,シンガポールは1％

表36 海外市場における香港・シンガポール輸出商品（主要品目別シェア）

(単位：%)

	1998	1999	2000(1～9月)
〔アメリカ市場〕			
アパレル・衣類〔香港〕	8.4	7.7	7.4
電気機器〔香港〕	2.3	2.0	1.7
写真・光学機器〔香港〕	3.9	4.1	3.1
事務用機器〔シンガポール〕	15.6	13.3	10.9
事務用機器〔香港〕	0.5	0.4	0.4
旅行用品・手袋類〔香港〕	1.7	1.5	1.6
〔中国市場〕			
電気機器・音響機器〔香港〕	7.3	5.9	6.2
電気機器・音響機器〔シンガポール〕	3.2	2.8	2.9
ボイラー等〔シンガポール〕	5.8	4.3	3.8
ボイラー等〔香港〕	2.6	2.1	2.7
プラスチック素材・同製品〔香港〕	2.9	3.5	4.2
プラスチック素材・同製品〔シンガポール〕	3.4	3.1	3.5
綿花・綿製品〔香港〕	17.1	17.3	15.8
光学用精密機器〔香港〕	6.9	6.2	6.9
光学用精密機器〔シンガポール〕	1.8	1.7	1.9
人絹織物〔香港〕	7.7	6.9	6.2
人絹織物〔シンガポール〕	0.3	0.3	0.9
〔EU市場〕			
アパレル・衣類〔香港〕	6.5	7.5	6.6
玩具・スポーツ用品等〔香港〕	2.6	3.3	3.2
電気機器〔シンガポール〕	4.9	2.8	2.8
電気機器〔香港〕	2.5	2.6	2.8
事務用機器〔シンガポール〕	10.5	11.9	10.9
事務用機器〔香港〕	2.5	2.0	1.9
通信・音響機器〔シンガポール〕	3.0	3.4	2.1
通信・音響機器〔香港〕	2.1	2.2	1.6
写真・光学機器〔香港〕	7.4	7.7	5.6
〔日本市場〕			
アパレル・衣服〔香港〕	1.0	0.6	0.6
電気機器〔シンガポール〕	3.8	4.1	4.2
電気機器〔香港〕	2.1	2.0	1.2
事務用機器〔シンガポール〕	10.4	9.2	7.9
事務用機器〔香港〕	1.0	0.8	0.7
玩具・スポーツ用品等〔香港〕	0.2	0.2	0.3
写真機・光学機器〔香港〕	5.5	4.7	5.2
通信・音響機器〔香港〕	0.5	0.5	0.4

資料：*Hong Kong External Trade* (Monthly), December issues.

以下のシェアである。また綿花・綿製品について，香港のシェアは16～17％に達している。総じて，中国市場では，香港は地理的近接制のために，品目によってはシンガポールとは隔絶したシェアを確保していることがわかる。

「EU市場」でも注目されるのは，アメリカ市場の場合と同様に，シンガポールは事務用機器において10～12％という高いシェアを達成して，2％程度の香港を大きく引き離していることが注目される。しかし，アメリカ市場と同じく，アパレルについては，香港は6～7％，写真機・光学機器についても同じく，6～7％というシェアなのである。

「日本市場」では，事務用機器についてシンガポールが8～10％というシェアを達成して，香港を引き離している。これはアメリカ，EU市場共通の現象である。ただ電機関連ではシンガポールが4％前後で香港の2％前後を引き離している点も注意をひく。なお香港は時計や写真機・光学機器のシェアでは際立つものがあったが，90年代後期にあってもこれについて3.2～5.5％のシェアが計算されるのはその名残りなのかもしれない。

しかし，以上に追加したいことがある。表36は1998～2000年のデータであるにすぎない。90年代初頭に遡ると，不連続ではあるが，次のような異なる結果が導かれる。そのいくつかを例示的に特記させていただく。

(1) 表36では，「アメリカ市場」では，アパレル・衣類に関する香港の輸出シェアが1998～2000年の期間は7.4～8.4％となっているが，90～92年当時は15.7，15.5，14.0％と高く推移していたことがその一つである。それ以後このシェアは次第に7～8％レベルに推移していったことがわかる。

(2) 「中国市場」に対する電気・音響機器の香港の輸出シェアは1998～2000年ごろは6～7％程度にとどまるが，1990～92年間は25.7％，27.5％，42.8％ときわめて高かった。これは，かつては中国国内で同種製品をそれほど生産していなかったことを反映しているのかもしれない。綿花・綿製品関係でも，香港では1998～2000年の16～17％程度のシェアよりははるかに高い輸出シェアが当時は成立していた。1992～94年間，このシェアは53.3％，44.0％，21.9％という非常に高いシェアだったからである。写真機・光学機器についても，90年代後期の6～7％に比較すると，90～91年の60.6％，60.0％は異常なくらい高い。人絹織物についても，1998～2000年の6～7％のシェアに比較すると，1993年の22.2％，94年の14.4％は著しく高い。

(3) 「日本市場」での香港のシェアに次いで注目されるのは，写真機・光学機器・時計において，1998～2000年ごろは3～5％程度だったのが，1990～93年は7.2％，7.1％，7.4％だったということである。さらに宝石類だと，1990～93年間23.7％，23.2％，22.6％という非常に高いシェアが続いていた。当時は宝石類の日本の輸入のうち香港経由のシェアは約4分の1だった。

表36を観察する場合，以上の3点は看過されてはならない。

終 章　中国経済の近未来
——限られた角度からのスケッチ

1．上海圏 vs 広東・香港圏の将来

　最近は上海・江蘇・浙江を含む，いわば上海圏への企業進出が盛んである。他方，広東・香港圏への進出は逆に頭打ちの感なきにしもあらずである。既出の図17「中国総輸出に占める"広東・香港"と"上海・江蘇・浙江"の比重の変化」は，90年代後半において，前者の比重の低落と後者の比重の上昇という結果を示している。ただ90年代は広東・香港圏が大きくふくらんだ時期であるため，比重のパーセンテージは2001年に至っても依然として広東・香港が上海圏よりも高い状況にあることには変わりはない。広東だけをとると，1992～99年間は，中国全輸出に対し平均40.1％という高い比重を維持していた。1980～85年にはこれが10.3％だったのに比べると，きわめて大きくふくらんだものだといわねばならない。香港だけをとると，これは香港側の統計からの計算だが，広東の比重にほぼ対応した揺れを示している。他方，上海圏の方は1990年には16.7％という低い比重だったのが上昇しはじめ，2001年には29.9％という高さにまで到達した。2001年の広東は35.8％であって，まだ上海圏の29.9％よりは高い。しかしそれでも，両者はいずれクロスし，逆転する時期がやってくるかもしれない。ただ，この広東に香港を加えると依然として広東・香港圏は上海圏を大きく上回っていることは

間違いはない。ただ広東・香港は相互にオーバーラップしているため、そのダブリを除去する操作が必要だが、重複を除去したネットで、広東・香港圏がどの程度の比重を示すかは残された仕事になる。ここではその仕事に立ち入ることができない。

表37は2002年秋の新聞紙報道によるものだが、日本企業の対中国投資案件をパソコン・自動車関連について要約している。この表には、概して上海地区や、天津・長春のものが多い。大きな中国のことだから、これらの分野の製品はこれからは上海圏では大きくふくらむであろう。内需の急拡大をめざして立地する可能性が強まるからである。その点を強く考慮すると、広東圏と上海圏のカーブは早晩クロスし、両者の比重の逆転する可能性が浮かび上がってくる。

けれども、WTOへの加盟によって、工業製品の関税率は大幅に引き下げられる。なかんずく自動車の関税率は現行の80〜100%が2006年になれば25%に低下するはずである。外資の流入についても、TRIM（貿易関連投資措置）によって、GATTの内国民待遇と数量制限の違反の一般的廃止が求められよう。また外資優遇政策は一段と強化されることになる。

その際、香港は典型的な自由貿易港であり、かつ国際金融センターとしてのノウハウを長い間蓄積してきた地域であるから、広東・香港を含む珠江デルタ地区は、一時的には上海地区に若干のシェアを譲ることがあるにしても、再度シェアを拡大する時期が来ないとはいえない。長い間積み重ねてきたノウハウが一挙に崩れ去ることはないからである。その点を考えると、輸出・投資の相互交渉から生じた大きな投資循環の下降過程で、一時は輸出シェアで上海地区に譲ることがありえたとしても、投資循環がもう一度中期的に浮かび上がる局面では、再度広東・香港地区がその輸出シェアを引き上

終　章　中国経済の近未来——限られた角度からのスケッチ　　131

表37　最近の日本企業の対中国主要投資案件

(a) **パソコン**

東芝	上海	2000年4月から	現地企業との合併 年間10万台強生産
	杭州 (浙江)	2003年4月予定	年間最大240万台規模の拠点建設 当初は75万台から
ソニー	無錫 (江蘇)	2001年秋から	数千台規模ノートパソコン3機種発売開始
シャープ	常熟 (江蘇)	2002年7月から	2003年にモバイル型ノートパソコン20万台 規模で生産
松下電器	蘇州 大連		半導体後工程新会社設立 DVD用の光部品4割増産
NEC	上海	2004年から	LDC（液晶表示装置）の生産開始

(b) **自動車**

トヨタ	天津	2002年10月から	小型乗用車生産・年間3万台
		2005年から	中高級車を年間5万台
	長春	2003年から	「第一汽車」へ技術援助 年間1～2万台生産
		2005年から	中高級車5万台生産
	(合わせて)	2010年には	30～40万台を目指す
日産	湖北	2003年 2006年までに	「東風汽車」と合弁 乗用車22万台，商用車33万台の計画
ホンダ	広州	1999年から 2001年 2004年から	「広州汽車」と合弁，「アコード」生産 年間5万台 年間5万台の「フィット」ベースの小型車生産
マツダ		2003年には	今年計画の2倍の年間4.5万台に拡大
	海口(海南島) 長春		提携先「一汽海南汽車グループ」 上記グループの「一汽海轎車と提携」

資料：2002年秋の新聞紙報道による。その後の報道は，もっぱらその具体化の方向を示している
　　ようである。

げる可能性がないとはいえない。

　その意味では,既出図17の輸出シェアをめぐる上海・広東の角逐には,その背景として中期的な投資循環からの影響があると考えるべきかもしれない。それに加えて,香港が蓄積した自由貿易・直接投資・国際金融の側面でのノウハウは一挙に消滅することはありえない。WTO加盟後の中国にとってはこうした香港の役割は益々重要なものとなるであろう。図17の2つの地区シェアのクロスの評価については,以上のポイントも追加的に考え合わせなければならない。

　けれども,中国にとっては,内陸にある低開発地域の開発に伴って生ずる内需の急テンポの拡大という側面も,将来は同時に重要となる。もしこの一点が今後次第に重要となれば,華南地区よりは華東地区のシェア拡大が無視できないかもしれない。たとえば,自動車をめぐる対中国企業進出は,どちらかといえば華南よりは華東地区に重点が向けられるであろうし,今後ともその傾向が強められるというのが通説となろう。

　ただ2003年7月ごろになると,新聞報道は自動車関連の投資案件の動きに新たな動きが発生しつつあることを示唆している。トヨタはこれまで「第一汽車」(長春)とのみ合弁生産を行ってきたが,いまやこれに加えて,「広州汽車」とも合弁会社の設立交渉を進めるに至ったということである。これが本格化すれば,自動車生産の合弁は上海圏だけでなく広東圏にまで及ぶことになる。これに反応してか,それとも自らの計画にしたがってか,これまで「広州汽車」とのみ提携してきたホンダが「東風汽車」(湖北省)との合弁をも進めるという計画が登場した。

　中国の自動車市場は2002年で300万台強,2010年には700万台以上

終 章 中国経済の近未来――限られた角度からのスケッチ

に拡大するともいわれているが，この生産量の急拡大に伴って，自動車市場における提携関係が次第に錯そうとした形をとるものと考えられる。すでに「交渉中」のものまで含めて日中間の「クロス提携」の動きをまとめてみると，

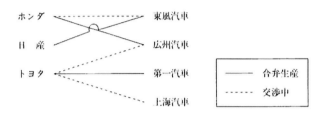

という形をとっていることがわかるが，こうした入りこんだ関係は今後一層強められそうである。したがって，自動車に関するかぎり，直接投資が広東を離れて華東地区に集中するという傾向があるとみることは一方的な見解だといえよう。

　最近時の新聞で報道されたもう一点注目すべき傾向を，ここで紹介しておく必要がある。それは2003年上期には広東省深圳市の域内GDPが，1,172億8,300万元となり，前年同期比で15.9％という高い伸びを示したという事実である。これは北京市の伸び率の9.6％への低下とは大きく相違している。深圳といえば世界の電子産業の生産拠点の集まっているところだ。したがって華南地区のブームを牽引するのは何といっても，情報・電機関連を中心とした輸出の急増である。ところで，この上期では深圳の輸出総額が260億4,300万元となり，その伸び率が29％増を示している。ハイテク関連の生産額も35％増だという。外資による華南地方への投資もまた旺盛で，深圳とならぶ東莞市では，契約ベースの外資導入額がこの上期に33％増の13億3,000万ドルに拡大したという。1990年代の半ばに中国

の総輸出額が占める広東の比重が40％前後に浮かび上がったということは、われわれがすでに図17で確認したところであるが、それが世界不況のため、36％程度に低下したとはいえ、仮にアメリカ経済や世界経済がいずれ中期的な"growth recession"から離脱して浮場の局面に入る場合、中国経済で投資循環がまず上向く地域というのは華南地方ではあるまいか。アメリカの成長率循環は90年代のうねりを終えて、ここ3ヵ年ばかりは下方調整の局面にあった。この"growth recession"の期間はアメリカでは過去4回の波では3〜4年であった。いずれこの3〜4年の下方調整は終わるが、そのときに中国でまず輸出がふえ、これを国内の投資ブームに導いていく地域がどこかといえば、それは広東・香港を含む華南地区だと私自身は考えている。

ただ一般論としては、WTO加盟後の香港的なノウハウの重要化と、内陸開発に伴う華東地区への企業進出意欲の増大、将来はこの2つが作用し合いながら中国経済はダイナミックな前進を示していくというべきであろう。

私の分析が中国経済を総花的でなく、この2つの地区――長江下流地域と珠江下流地域に分析上の戦略拠点をしぼった理由は、ここにある。

2．人民元の切上げは必至か

すでに、第1章第1節では、1985年以降90年代半ばに至る人民元の大幅な切下げが、時間的なタイム・ラッグを伴いながらも、中国の輸出／GDP比率を85年の9.0％から、2001年の23.0％へと大きく引き上げるのに役立ったことを分析した。その結果はアメリカ市場や日本市場における中国製品の氾らんであった。日本では、被害を

終　章　中国経済の近未来――限られた角度からのスケッチ　135

モロにうけたいくつかの産業の「空洞化」という事実が確認されてきたし、アメリカでも全米製造業協会 (NAM) は、その結果生じたアメリカの巨額の対中国貿易赤字 (2002年1,031億 US ドル) の発生を、中国政府が人民元相場を不当に安く抑える市場介入によるものだと主張した。同じ主張は14繊維業界からの陳情にも表れている。2004年に大統領選挙を迎える現政権が、このまま中国に対する人民元切上げ要求を抑えたまま過ごせるかは、現段階のアメリカにおける一つの重要な政治的、かつ国際経済的な問題点である。

2003年7月のインドネシア・バリ島で行われたアジア欧州会議 (ASEM) 財務相の共同声明にも、アジア通貨の対ドル相場の調整が必要だとする表現が盛りこまれた。この背景には、中国人民元などの対ドル相場が安すぎるという欧米諸国の強い不満がある。出席した塩川財務相も「貿易が開放されて国際化の中で活動するのだから、為替も国際的に符号したものになるべきだ」という見解を述べたといわれている。

現実には中国の外貨準備高は、2003年6月末には3,465US億ドルとなったが、これは2000年3月末の1,568億 US ドルと比較すると、2.2倍であり、この3年余りの期間に1,897億 US ドルもふえた計算になる。現実にも、2002年には中国からアメリカへの商品輸出は1,252億 US ドルだったが、中国がアメリカから輸入する金額は221億 US ドルにすぎなかった。その差1,031億 US ドルは2002年のアメリカの対中国貿易赤字になったわけだが、中国の最近の外貨準備の増大傾向には、このアメリカ側の対中国貿易赤字の大きさの持続も重要な役割を演じているものと考えないわけにはいかない。したがって、ここ2～3年ばかりの間に何らかの国際的通貨調整が必要だというのが、国際間の共通意見として固まってくる可能性が強

い。

　私自身は,本書の中ですでに述べたが,遅れてスタートした国が先発国にキャッチ・アップするには,割安な為替レートの下で輸出主導型の成長を辿るのが一番手っとり早い方法だという考え方をとってきた。日本経済が,購買力平価タームで割安な為替レートの下で輸出主導型の成長過程を辿ったのは,戦後最初のその事例となったが,中国の場合はその2番目の事例になると考えているからである。ただ日本の場合は,ニクソン・ショック(1971年)のときに,必要な為替調整はほぼ終わったが,プラザ合意(1985年)のときの為替調整が行き過ぎて逆に購買力平価ベースでかなりの円高となり,空洞化の問題に直面する結果となったとみている。

　ところで,中国の場合はどのような問題点が残るだろうか。第1には,世銀のPPP調査から感ぜられることだが,1985年以降の為替切下げ以前においても中国はすでにPPPベースで相当割安な状況にあった。1980～90年代の人民元切下げはこの割安の程度をさらに大きくした。したがって,どうやら日本の場合よりは割安の程度が大きかったのではないだろうかという観察が導かれる。この点だけから考えると,人民元の国際的調整のスケールは,日本の場合よりは強められてもよいのだという見地が成立する。

　第2に,中国の1人当り所得水準はPPPベースでも依然として低い。とりわけ奥地の所得水準は東部に比べて著しく低い。この中国が未開地域を多く含むというポイントは,たしかに中国が国際的圧力を排除する場合のある程度の口実になるかもしれない。

　第3に,すでにアメリカの消費者は安い中国製品の恩恵に浴している。人民元が引き上げられると,途端に中国製品の値段は目立って引き上げられる結果になり,アメリカ政府に対し消費者一般から

の反撃が起こりかねない。

 第4に,プラザ合意前後に日本で日米合意がみられたように,中国でも企業の外貨保有規制をゆるめ,資本取引の面でも自由化を行う措置をとる時期がいつかはやってくるかもしれない。しかし,おそらく,中国は「体制の相違」を強調し,最後までこの点に抵抗を示すことは否定できない。他の先進諸国にみられるように,為替レートはこの資本取引自由化の下では,不安定な動揺を示すからである。

 第5に,そこまで行かなくても,人民元を低位に固定するのではなく,対USドル相場の変動幅を上下それぞれ2.5%,計5%程度にするというゴールドマン・サックス流の行き方をとることも可能であろう。ただこれは人民元切上げ論というよりは,「狭い幅をもたせた」変動相場制への移行だということになる。ただこの程度の幅の中での調整で十分であるとは思われない。

 第6に,おそらくは中国の高度成長の結果生じた現象であろう。日本でも対中国輸出がふえて,その結果外貨準備が急増していることはすでに述べたが,東アジア諸国でもそれと似た結果が発生している。たとえば中国だけでない。1998年末から2003年6月の間に韓国では外貨準備が520億USドルから1,317US億ドルへと2.5倍増になっているし,台湾でも同じ期間に903億USドルから1,767億USドルへと2倍近くふえている。したがって,東アジア諸国では現在,中国経済の拡大によって外貨準備が増加するという共通の恩恵を享受する結果となっている。この点から考えて,たとえ人民元切上げは,欧米諸国の利益になるとしても,東アジア諸国の利益になるかどうかわからない。

 したがって,所詮人民元は切り上げねばならない運命にあるとし

ても，中国そして東アジアのテーク・オフの戦略を考えるとき，かつての日本と同じようにすくなくとも3年ぐらいの期間を与えた方がよいという見解を抱かざるをえない。むしろ，そのような期間が与えられることへの主張は，後発国の権利として認められるべきだといいたいのである。

＊　＊　＊

中国経済の近未来のスケッチに当り，以上2点だけにしぼることは当然ながらきわめて狭い。世間では，中国にはその他数々の問題があって，むしろその方が重要だと考える向きがないではない。たとえば，(1)国有企業や金融機関の赤字が大きいこと。ただ国有企業のシェアが長い間には急テンポで低下している点は注目すべきであろう。(2)政治・行政の腐敗や体制上の弱み。しかし，長い期間を与えるならば，その状態が存続ないし悪化すると判断することは行き過ぎである。政治や行政を支える人たちの若がえりという傾向に私は注目したい。体制が柔軟になればなるほど，大陸・台湾間の対立も漸次柔軟になりはしないであろうか。ただそれには時間を要する。(3)食糧輸入の増大傾向の問題。私はこの点については門外漢だが，長期的には農業以外の分野の相対比の拡大がこの困難を弱めてくれると信じている。

これらはとくに分析という形にはならないが，最後につけ加える付言としておきたい。

統計付表 1 中国の国内総生産（当年価格）

(単位：億元，( ) 内%)

	国内総生産		第 1 次産業		第 2 次産業		うち工業		第 3 次産業	
1970	2,252.7	(100.0)	793	(35.2)	912.2	(40.5)	828.1	(36.8)	547.2	(24.3)
1971	2,426.4	(100.0)	826	(34.1)	1,022.8	(42.2)	926.3	(38.2)	577.3	(23.8)
1972	2,518.1	(100.0)	827	(32.9)	1,084.2	(43.1)	989.9	(39.3)	606.5	(24.1)
1973	2,720.9	(100.0)	908	(33.4)	1,173.0	(43.1)	1,072.5	(39.4)	640.0	(23.5)
1974	2,789.9	(100.0)	945	(33.9)	1,192.0	(42.7)	1,083.6	(38.8)	652.7	(23.4)
1975	2,997.3	(100.0)	971	(32.4)	1,370.5	(45.7)	1,244.9	(41.5)	655.7	(21.9)
1976	2,943.7	(100.0)	967	(32.8)	1,337.2	(45.4)	1,204.6	(40.9)	639.5	(21.7)
1977	3,201.9	(100.0)	942	(29.4)	1,509.1	(47.1)	1,372.4	(42.9)	750.7	(23.4)
1978	3,624.1	(100.0)	1,018	(28.1)	1,745.2	(48.2)	1,607.0	(44.3)	860.5	(23.7)
1979	4,038.2	(100.0)	1,259	(31.2)	1,913.5	(47.4)	1,769.7	(43.8)	865.8	(21.4)
1980	4,517.8	(100.0)	1,359	(30.1)	2,192.0	(48.5)	1,996.5	(44.2)	966.4	(21.4)
1981	4,862.4	(100.0)	1,546	(31.8)	2,255.5	(46.4)	2,048.4	(42.1)	1,061.3	(21.8)
1982	5,294.7	(100.0)	1,762	(33.3)	2,383.0	(45.0)	2,162.3	(40.8)	1,150.1	(21.7)
1983	5,934.5	(100.0)	1,961	(33.0)	2,646.2	(44.6)	2,375.6	(40.0)	1,327.5	(22.4)
1984	7,171.0	(100.0)	2,296	(32.0)	3,105.7	(43.3)	2,789.0	(38.9)	1,769.8	(24.7)
1985	8,964.4	(100.0)	2,542	(28.4)	3,866.6	(43.1)	3,448.7	(38.5)	2,556.2	(28.5)

統計付表 141

1986	10,202.2	(100.0)	2,764	(27.1)	4,492.7	(44.0)	3,967.0	(38.9)	2,945.6	(28.9)
1987	11,962.5	(100.0)	3,204	(26.8)	5,251.6	(43.9)	4,585.8	(38.3)	3,506.6	(29.3)
1988	14,928.3	(100.0)	3,831	(25.7)	6,587.2	(44.1)	5,777.2	(38.7)	4,510.1	(30.2)
1989	16,909.2	(100.0)	4,228	(25.0)	7,278.0	(43.0)	6,484.0	(38.3)	5,403.2	(32.0)
1990	18,547.9	(100.0)	5,017	(27.0)	7,717.4	(41.6)	6,858.0	(37.0)	5,813.5	(31.3)
1991	21,617.8	(100.0)	5,289	(24.5)	9,102.2	(42.1)	8,087.1	(37.4)	7,227.0	(33.4)
1992	26,638.1	(100.0)	5,800	(21.8)	11,699.5	(43.9)	10,284.5	(38.6)	9,138.6	(34.3)
1993	34,634.4	(100.0)	6,882	(19.9)	16,428.5	(47.4)	14,143.8	(40.8)	11,323.8	(32.7)
1994	46,759.4	(100.0)	9,457	(20.2)	22,372.2	(47.8)	19,359.6	(41.4)	14,930.0	(31.9)
1995	58,478.1	(100.0)	11,993	(20.5)	28,537.9	(48.8)	24,718.3	(42.3)	17,947.2	(30.7)
1996	67,884.6	(100.0)	13,844	(20.4)	33,612.9	(49.5)	29,082.6	(42.8)	20,427.5	(30.1)
1997	74,462.6	(100.0)	14,211	(19.1)	37,222.7	(50.0)	32,412.1	(43.5)	23,028.7	(30.9)
1998	78,345.2	(100.0)	14,552	(18.6)	38,619.3	(49.3)	33,387.9	(42.6)	25,173.5	(32.1)
1999	82,067.5	(100.0)	14,472	(17.6)	40,557.8	(49.4)	35,087.2	(42.8)	27,037.7	(32.9)
2000	89,442.2	(100.0)	14,628	(16.4)	44,935.3	(50.2)	39,047.3	(43.7)	29,878.7	(33.4)
2001	95,933.3	(100.0)	14,610	(15.2)	49,069.1	(51.1)	42,607.1	(44.4)	32,254.3	(33.6)
2001/1970	42.6倍		18.4倍		53.8倍		51.5倍		58.9倍	

資料：『中国統計年鑑』, 2002。

統計付表 2　中国の商品輸出依存率（主要輸出地域別）

(単位：億元，%)

	全国 GDP A	輸出 B	B/A	上海 GDP A	輸出 B	B/A	広東 GDP A	輸出 B	B/A	江蘇 GDP A	輸出 B	B/A	浙江 GDP A	輸出 B	B/A
1970	2,253	57	2.5	157	22	14.0	112	11	9.8				69		
1971	2,426	64	2.6	165	25	15.2		11					70		
1972	2,518	76	3.0	171	29	17.0		12					84		
1973	2,721	115	4.2	185	46	24.9		20					87		
1974	2,790	137	4.9	194	47	24.2		22					87		
1975	2,997	136	4.5	204	41	20.1	158	21	13.3				84		
1976	2,944	134	4.6	208	59	28.4		21					87		
1977	3,202	141	4.4	230	41	17.8		22					100		
1978	3,624	168	4.6	273	49	17.9	186	23	12.4				124		
1979	4,038	213	5.3	286	58	20.3	209	26	12.4				158		
1980	4,518	271	6.0	312	64	20.5	250	33	13.2	320			180	3.6	2.0
1981	4,862	368	7.6	325	65	20.0	290	40	13.8	350			204		
1982	5,295	414	7.8	337	68	20.2	340	43	12.6	390			233		
1983	5,935	439	7.4	352	71	20.2	369	47	12.7	438			256		
1984	7,171	580	8.1	391	84	21.5	459	58	12.6	519			322	17.2	5.3
1985	8,984	809	9.0	467	100	21.4	577	87	15.1	652	47	7.2%	428	28	6.5

統計付表 143

年														
1986	10,202	10.6	491	124	25.3	668	147	22.0	745	66	8.9	500	38	7.6
1987	11,963	12.3	546	156	28.6	847	377	44.5	922	78	8.5	604	45	7.5
1988	14,922	11.8	648	171	26.4	1,155	552	47.8	1,209	89	7.4	766	56	7.3
1989	16,909	11.6	697	188	27.0	1,381	682	49.4	1,322	94	7.1	864	72	8.3
1990	18,548	16.1	757	254	33.5	1,559	1,063	68.2	1,417	139	9.8	898	105	11.7
1991	21,618	17.7	894	303	33.9	1,893	1,441	76.1	1,601	181	11.3	1,081	154	14.2
1992	26,638	17.6	1,114	364	32.7	2,448	1,845	75.4	2,136	221	10.3	1,365	199	14.6
1993	34,634	15.3	1,512	426	28.2	3,432	2,154	62.8	2,998	271	9.0	1,909	248	13.0
1994	46,759	22.2	1,972	784	39.8	4,512	4,328	95.9	4,057	578	14.2	2,667	526	19.7
1995	58,478	21.3	2,463	960	39.0	5,734	4,726	82.4	5,155	818	15.9	3,525	643	18.2
1996	67,885	18.5	2,902	1,097	37.8	6,519	4,934	75.7	6,004	964	16.1	4,146	665	16.0
1997	74,463	20.2	3,360	1,219	36.3	7,316	6,181	84.5	6,680	1,169	17.5	4,638	837	18.1
1998	78,345	19.4	3,688	1,325	35.9	7,919	6,261	79.1	7,200	1,300	18.1	4,988	902	18.1
1999	82,068	19.7	4,035	1,556	38.6	8,464	6,433	76.0	7,698	1,515	18.7	5,365	1,068	19.9
2000	89,442	23.1	4,551	2,103	46.2	9,662	7,809	80.8	8,583	2,127	24.8	6,036	1,606	26.6
2001	95,933	23.0	4,951	2,285	46.2	10,648	7,896	74.2	9,512	2,392	25.1	6,748	1,904	28.2

資料：『中国統計年鑑』、『上海統計年鑑』、『江蘇統計年鑑』、『浙江統計年鑑』、『広東統計年鑑』。
注：「全国」以外の輸出額はUSドル単位のものを、対米為替レートで人民元単位に換算してGDPと比較した。

統計付表 3　中国商品輸出

	総商品輸出	対アメリカ	対日本	対香港
1980	181(100.0)	10　(5.5)	40　(22.1)	44　(24.3)
1981	220(100.0)	15　(6.8)	46　(20.9)	54　(24.5)
1982	223(100.0)	16　(7.2)	49　(21.9)	53　(23.7)
1983	222(100.0)	17　(7.7)	45　(20.3)	58　(26.1)
1984	261(100.0)	24　(9.2)	54　(20.7)	69　(26.4)
1985	274(100.0)	23　(8.4)	61　(22.3)	72　(26.3)
1986	309(100.0)	26　(8.4)	48　(15.5)	98　(31.7)
1987	394(100.0)	30　(7.6)	64　(16.2)	138　(35.0)
1988	475(100.0)	34　(7.2)	79　(16.6)	183　(38.5)
1989	525(100.0)	44　(8.4)	84　(16.0)	219　(41.7)
1990	621(100.0)	52　(8.4)	90　(14.5)	267　(43.0)
1991	719(100.0)	62　(8.6)	103　(14.3)	321　(44.6)
1992	849(100.0)	86　(10.1)	117　(13.8)	375　(44.2)
1993	917(100.0)	170　(18.5)	158　(17.2)	221　(24.1)
1994	1,210(100.0)	215　(17.8)	216　(17.9)	324　(26.8)
1995	1,488(100.0)	247　(16.6)	285　(19.2)	360　(24.2)
1996	1,511(100.0)	267　(17.7)	309　(20.5)	329　(21.8)
1997	1,828(100.0)	327　(17.9)	318　(17.4)	438　(24.0)
1998	1,837(100.0)	379　(20.6)	297　(16.2)	388　(21.1)
1999	1,949(100.0)	419　(21.5)	324　(16.6)	369　(18.9)
2000	2,492(100.0)	521　(20.9)	417　(16.7)	445　(17.9)
2001	2,662(100.0)	543　(20.4)	450　(16.9)	465　(17.5)

資料：『中国統計年鑑』。

注：1980年の対 EU は共産圏を含む。これを除くと，[27 (14.9)] となる。
　　なお「対香港」の計数は中国側発表のものであるが，「本文」図17では香港側
　　これに比べると，1993年以降，中国側発表で修正したこの計数が突然低下し，

の主要相手国別構成

(単位：億 US ドル，( ) 内%)

対台湾		対韓国		対 ASEAN4		対 EU	
3	(0.5)	13	(4.0)	37	(6.0)	93	(15.0)
6	(0.8)	22	(3.1)	44	(6.1)	94	(13.1)
7	(0.8)	24	(2.8)	43	(5.1)	114	(13.4)
15	(1.6)	29	(3.2)	47	(5.1)	164	(17.9)
22	(1.8)	44	(3.6)	64	(5.3)	188	(15.5)
31	(2.1)	67	(4.5)	90	(6.0)	230	(15.5)
28	(1.9)	75	(5.0)	88	(5.8)	239	(15.8)
34	(1.9)	91	(5.0)	109	(6.0)	290	(15.9)
39	(2.1)	63	(3.4)	95	(5.2)	334	(18.2)
39	(2.1)	78	(4.0)	108	(5.5)	355	(18.2)
50	(2.0)	113	(4.5)	151	(6.1)	455	(18.3)
50	(1.9)	125	(4.7)	159	(6.0)	492	(18.5)

発表の計数（HK ドル表示）を US ドルに換算して得た比率を図示している。
「段落差」を示していることがわかる。

統計付表4 中国の「全社会固定資産投資」(対GDP比)

(単位：億元、％)

	全国			上海			江蘇			浙江			3省計	広東		
	GDP A	全社会固定資産投資 B	B/A	GDP A	全社会固定資産投資 B	B/A	GDP A	全社会固定資産投資 B	B/A	GDP A	全社会固定資産投資 B	B/A	B/A	GDP A	全社会固定資産投資 B	B/A
1970	2,253			156.7	10.9	7.0	129.2			69.2				112		
1971	2,426			164.9	11.4	6.9	148.0			70.4						
1972	2,518			171.0	13.2	7.7	157.3			84.4						
1973	2,721			185.4	16.2	8.7	170.9			87.0						
1974	2,790	()内国有分		193.5	22.4	11.6	171.9			86.6				158		
1975	2,997	(545)	(18.2)	204.1	32.5	15.9	184.2			84.2						
1976	2,944	(524)	(17.8)	208.1	24.5	11.8	188.0			87.3						
1977	3,202	(548)	(17.1)	230.4	18.0	7.8	202.4			100.0						
1978	3,624	(669)	(16.5)	272.8	27.9	10.2	249.2	21.8	8.7	123.7				185.9	27.2	14.6
1979	4,038	(699)	(17.3)	286.4	35.6	12.4	298.6	26.8	9.0	157.6				209.3	28.3	13.5
1980	4,518	(746) 911	(16.5) 20.2	331.9	45.4	14.6	319.8	34.7	10.9	179.7	33.3	18.5	14.0	249.7	38.3	15.3
1981	4,862	961	19.8	324.8	54.6	16.8	350.0	60.5	17.3	204.5				290.4	60.4	20.8
1982	5,295	1,230	23.2	337.1	71.3	21.2	390.2	76.2	19.5	233.4				339.9	84.7	24.9
1983	5,935	1,430	24.1	351.8	75.9	21.6	437.7	105.3	24.1	256.2				368.8	88.7	24.1
1984	7,171	1,833	25.6	390.9	92.3	23.6	518.9	131.0	25.2	322.1				458.7	130.4	28.4
1985	8,964	2,543	28.4	466.8	118.6	25.4	651.8	191.9	29.4	427.5	105.5	24.7	26.9	577.4	184.6	32.0

1986	10,202	3,121	30.6	490.8	146.9	29.9	744.9	241.2	32.4	500.1	127.4	25.5	29.7	667.5	216.5	32.4
1987	11,963	3,792	31.7	545.5	186.3	34.2	922.3	317.1	34.4	603.7	165.4	27.4	32.3	846.7	251.0	29.6
1988	14,928	4,754	31.8	648.3	245.3	37.8	1,208.9	371.9	30.8	765.8	204.2	26.7	31.3	1,155.4	353.6	30.6
1989	16,909	4,410	26.1	696.5	214.8	30.8	1,321.9	320.2	24.2	843.7	191.1	22.7	25.4	1,381.4	347.3	25.1
1990	18,548	4,517	24.4	756.5	227.1	30.0	1,416.5	356.3	25.2	898.0	187.0	20.8	25.1	1,559.0	381.5	24.5
1991	21,618	5,595	25.9	893.8	258.3	28.9	1,601.4	440.0	27.5	1,081.8	239.8	22.2	26.2	1,893.3	478.2	25.3
1992	26,638	8,080	30.3	1,114.3	357.4	32.1	2,136.0	711.7	33.3	1,365.1	361.2	26.5	31.0	2,447.5	921.8	37.7
1993	34,634	13,072	37.7	1,511.6	653.9	43.3	2,998.2	1,144.2	38.2	1,909.5	683.8	35.8	38.7	3,431.9	1,629.9	47.5
1994	46,759	17,042	36.4	1,971.9	1,123.3	57.0	4,057.4	1,331.2	32.8	2,666.9	1,006.4	37.7	39.8	4,516.6	2,141.2	47.4
1995	58,478	20,019	34.2	2,462.6	1,601.8	65.0	5,155.3	1,680.2	32.6	3,524.8	1,357.9	38.5	41.6	5,734.0	2,327.2	40.6
1996	67,885	22,914	33.8	2,902.2	1,952.1	67.3	6,004.2	1,949.5	32.5	4,146.1	1,617.5	39.0	42.3	6,319.1	2,327.6	35.7
1997	74,463	24,941	33.5	3,360.2	1,977.6	58.9	6,680.3	2,203.1	33.0	4,638.2	1,694.6	36.5	40.0	7,315.5	2,298.1	31.4
1998	78,345	28,406	36.3	3,688.2	1,965.8	53.3	7,200.0	2,535.4	35.2	4,987.5	1,847.9	37.1	40.0	7,919.1	2,608.1	32.9
1999	82,068	29,855	36.4	4,035.0	1,856.7	46.0	7,697.8	2,742.7	35.6	5,364.9	1,886.0	35.2	37.9	8,464.3	3,027.6	35.8
2000	89,442	32,918	36.8	4,551.2	1,869.7	41.1	8,582.7	2,995.4	34.9	6,036.3	2,267.2	37.6	37.2	9,662.2	3,233.7	33.5
2001	95,933	37,214	38.8	4,950.8	1,994.7	40.3	9,511.9	3,303.0	34.7	6,748.2	2,776.7	41.1	38.1	10,647.5	3,536.4	33.2

資料：統計付表2に掲げた資料と同じ。

統計付表 5　中国経済：

	GDP (億元)	GDP 増加率	実質GDP (1995=100)	実質GDP 成長率	GDP デフレーター (1995=100)	GDP デフレーター 増加率	財政収入 (億元)	財政支出 (億元)
	A	(%)	B	(%)	C	(%)	a	b
1970	2,253						662.9	649.4
1971	2,426						744.7	732.2
1972	2,518						766.6	765.9
1973	2,721						809.7	808.8
1974	2,790						783.1	790.3
1975	2,997						815.6	820.9
1976	2,944						776.6	806.2
1977	3,202						874.5	843.5
1978	3,624		20.1				1,132.3	1,122.1
1979	4,038		21.7	8.0	32.1		1,146.4	1,281.8
1980	4,518	11.9	23.4	7.8	33.3	3.7	1,159.9	1,228.8
1981	4,862	7.6	24.4	4.3	34.3	3.0	1,175.8	1,138.4
1982	5,295	8.9	26.4	8.2	35.5	3.5	1,212.3	1,230.0
1983	5,935	12.1	29.2	10.6	35.6	0.3	1,367.0	1,409.5
1984	7,171	20.8	33.4	14.4	36.6	2.8	1,642.9	1,701.0
1985	8,964	25.0	38.9	16.5	38.7	5.7	2,004.8	2,004.3
1986	10,202	13.8	42.3	8.7	40.9	5.7	2,122.0	2,204.9
1987	11,963	17.3	47.2	11.6	42.7	4.4	2,199.4	2,262.2
1988	14,928	24.8	52.5	11.2	47.9	12.2	2,357.2	2,491.2
1989	16,909	13.3	54.6	4.0	51.5	7.5	2,664.9	2,823.8
1990	18,548	9.7	56.7	3.8	55.2	7.2	2,937.1	3,083.6
1991	21,618	16.6	62.0	9.3	58.7	6.3	3,149.5	3,386.6
1992	26,638	23.2	70.8	14.2	62.5	6.5	3,483.4	3,742.2
1993	34,634	30.0	80.3	13.4	73.4	17.4	4,349.0	4,642.3
1994	46,759	35.0	90.5	12.7	88.2	20.2	5,218.1	5,792.6
1995	58,478	25.1	100.0	10.5	100.0	13.4	6,242.2	6,823.7
1996	67,885	16.1	109.6	9.6	106.6	6.6	7,408.0	7,937.6
1997	74,463	9.7	119.2	8.8	107.4	0.8	8,651.1	9,233.6
1998	78,345	5.2	128.5	7.8	106.2	−1.1	9,876.0	10,798.2
1999	82,068	4.8	137.7	7.2	101.9	−4.0	11,444.1	13,187.7
2000	89,442	9.0	148.7	8.0	102.8	0.9	13,395.2	15,886.5
2001	95,933	7.3	159.6	7.3	102.8	0.0	16,386.0	18,902.6

資料：『中国統計年鑑』；IMF, *International Financial Statistics*.

注：IMF, *IFS* は GDP デフレーター，実質 GDP (1995=100) についてのみ使用。

統計付表　149

成長率とインフレ要因

bの増加率(%)	収支差額(億元) c	マネーサプライ(M2) d	dの増加率(%)	年平均賃金(元) e	eの増加率(%)	工場渡価格(前年比)(%)	小売価格(前年比)(%)
23.5	13.5			561			
12.8	12.5			560	-0.2		
4.6	0.7			588	5.0		
5.6	0.9			587	-0.2		
-2.3	-7.1			584	-0.5		
3.9	-5.3			580	-0.7		
-1.8	-29.6			575	-0.9		
4.6	30.9	858.4		576	0.2		
33.0	10.2	889.7	3.6	615	6.8		
14.2	-135.4	1,327.8	49.2	668	8.6	1.5	2.0
-4.1	-68.9	1,671.1	25.9	762	14.1	0.5	6.0
-7.4	37.4	1,977.7	18.3	772	1.3	0.2	2.4
8.0	-17.7	2,265.7	14.6	798	3.4	-0.2	1.9
14.6	-42.6	2,712.8	19.7	826	3.5	-0.1	1.5
20.7	-58.2	3,598.5	32.6	974	17.9	1.4	2.8
17.8	0.6	4,874.9	35.5	1,148	17.9	8.7	8.8
10.0	-82.9	6,348.6	30.2	1,329	15.8	3.8	6.0
2.6	-62.8	7,957.4	25.3	1,459	9.8	7.9	7.4
10.1	-134.0	9,602.1	20.7	1,747	19.7	15.0	18.5
13.4	-158.9	11,393.1	18.7	1,935	10.8	18.6	17.8
9.2	-146.5	14,681.9	28.9	2,140	10.6	4.1	2.1
9.8	-237.1	18,598.9	26.7	2,340	9.3	6.2	2.9
10.5	-258.8	24,327.3	30.8	2,711	15.9	6.8	5.4
24.1	-293.4	35,680.8	46.7	3,371	24.3	24.0	13.2
24.8	-574.5	46,920.3	31.5	4,532	34.4	19.5	21.7
17.8	-581.5	60,743.5	29.5	5,500	21.4	14.9	14.8
16.3	-529.6	76,095.3	25.3	6,210	12.9	2.9	6.1
16.3	-582.4	91,867.8	20.7	6,470	4.2	-0.3	0.8
16.9	-922.2	105,560.1	14.9	7,479	15.6	-4.1	-2.6
22.1	-1,743.6	121,042.0	14.7	8,346	11.6	-2.4	-3.0
20.5	-2,491.3	135,960.0	12.3	9,371	12.3	2.8	-1.5
19.0	-2,516.5	156,412.0	15.0	10,870	16.0	-1.3	-0.8

別途．「中国統計年鑑」から引用した名目GDP系列はこれとは必ずしも整合的ではない。

統計付表6　香港

	要素費用による GDP	農業・漁業	鉱業	製造業	電力・ガス・水道
1980	135,037(100.0)	1,102(0.8)	213(0.2)	31,816(23.6)	2,082(1.5)
1981	165,459(100.0)	1,128(0.7)	253(0.2)	37,570(22.7)	2,703(1.6)
1982	184,124(100.0)	1,240(0.7)	308(0.2)	38,087(20.7)	3,805(2.1)
1983	202,637(100.0)	1,225(0.6)	316(0.2)	46,264(22.8)	5,384(2.7)
1984	241,083(100.0)	1,245(0.5)	299(0.1)	58,357(24.2)	6,359(2.6)
1985	255,416(100.0)	1,211(0.5)	356(0.1)	56,229(22.0)	7,408(2.9)
1986	297,731(100.0)	1,308(0.4)	346(0.1)	66,875(22.5)	9,222(3.1)
1987	368,847(100.0)	1,334(0.4)	257(0.1)	80,760(21.9)	10,591(2.9)
1988	440,850(100.0)	1,417(0.3)	229(0.1)	90,095(20.4)	11,284(2.6)
1989	502,227(100.0)	1,386(0.3)	224(0.0)	96,258(19.2)	12,067(2.4)
1990	563,517(100.0)	1,432(0.3)	210(0.0)	98,460(17.5)	14,109(2.5)
1991	638,606(100.0)	1,441(0.2)	222(0.0)	97,535(15.3)	15,307(2.4)
1992	742,760(100.0)	1,468(0.2)	205(0.0)	100,306(13.5)	17,773(2.4)
1993	844,322(100.0)	1,612(0.2)	197(0.0)	93,362(11.1)	19,865(2.4)
1994	968,900(100.0)	1,596(0.2)	249(0.0)	24,829 (9.1)	24,829(2.6)
1995	1,041,072(100.0)	1,453(0.1)	317(0.0)	86,114 (8.3)	26,398(2.5)
1996	1,158,963(100.0)	1,444(0.1)	311(0.0)	84,277 (7.3)	30,002(2.6)
1997	1,267,489(100.0)	1,464(0.1)	272(0.0)	81,722 (6.4)	32,328(2.6)
1998	1,205,349(100.0)	1,530(0.1)	301(0.0)	72,601 (6.0)	36,081(3.0)
1999	1,177,796(100.0)	1,171(0.1)	307(0.0)	67,540 (5.7)	37,211(3.2)
2000	1,228,897(100.0)	920(0.1)	241(0.0)	71,655 (5.8)	38,853(3.2)

資料：Hong Kong Census and Statistics Department, *Special Report on Gross Domestic*
注：これは全面的に改訂された新推計である。ここでは掲げていないが，この改訂は1960年に

GDPの産業別構成

(単位:100万 HK ドル、( ) 内%)

建 設	卸売・貿易業・レストラン・ホテル	運輸・通信・倉庫業	金融・保険・不動産業	公務・個人サービス・その他の調整
8,931(6.6)	28,806(21.3)	9,954 (7.4)	31,054(23.0)	21,079(15.6)
12,388(7.5)	33,507(20.3)	12,244 (7.4)	39,515(23.9)	26,151(15.8)
13,375(7.3)	36,676(19.9)	14,123 (7.7)	41,399(22.5)	35,111(19.1)
12,890(6.4)	41,301(20.4)	16,599 (8.2)	35,839(17.7)	42,819(21.1)
12,922(5.4)	55,628(23.1)	18,772 (7.8)	37,815(15.7)	49,686(20.6)
12,686(5.0)	58,107(22.7)	20,749 (8.1)	41,200(16.1)	57,470(22.5)
14,216(4.8)	66,192(22.2)	24,313 (8.2)	50,844(17.1)	64,370(21.6)
17,033(4.6)	89,457(24.3)	31,842 (8.6)	66,432(18.0)	71,141(19.3)
20,671(4.7)	110,062(25.0)	40,197 (9.1)	83,773(19.0)	83,122(18.9)
25,756(5.1)	125,141(24.9)	44,932 (8.9)	98,581(19.6)	97,882(19.5)
30,242(5.4)	141,205(25.1)	53,264 (9.5)	114,720(20.4)	109,875(19.5)
34,737(5.4)	164,848(25.8)	61,152 (9.6)	146,058(22.9)	117,306(18.4)
37,471(5.0)	193,665(26.1)	72,009 (9.7)	183,009(24.6)	136,854(18.4)
43,295(5.1)	228,803(27.1)	80,045 (9.5)	219,976(26.1)	157,167(18.6)
46,612(4.8)	255,081(26.3)	93,484 (9.6)	261,722(27.0)	197,213(20.4)
55,192(5.3)	278,993(26.8)	104,169(10.0)	257,793(24.8)	230,643(22.2)
65,822(5.7)	310,939(26.8)	113,347 (9.8)	295,514(25.5)	257,307(22.2)
72,759(5.7)	325,514(25.7)	115,648 (9.1)	335,927(26.5)	301,855(23.8)
71,000(5.9)	301,693(25.0)	111,409 (9.2)	296,352(24.6)	314,382(26.1)
67,232(5.7)	296,318(25.2)	112,667 (9.6)	281,439(23.9)	313,911(26.7)
64,026(5.2)	324,622(26.4)	125,724(10.2)	291,062(23.7)	311,794(25.4)

Product, August 2002.
まで遡っている。

統計付表 7　香港の輸出総額（地場輸出＋再輸出）（相手国別構成）

(単位：10億 HK ドル，( ) 内%)

	輸出総額	〔相手国別内訳〕			
		対中国	対日本	対アメリカ	対英・独
1980	98.3(100.0)	6.2 (6.3)	4.5(4.6)	25.7(26.1)	— —
1981	122.1(100.0)	10.9 (8.9)	5.7(4.7)	34.0(27.8)	16.2(13.3)
1982	127.4(100.0)	11.8 (9.3)	5.8(4.6)	39.2(30.8)	15.5(12.2)
1983	160.7(100.0)	18.4(11.4)	7.1(4.4)	49.4(30.7)	17.5(10.9)
1984	221.4(100.0)	39.4(17.8)	9.8(4.4)	73.5(33.2)	22.0 (9.9)
1985	235.2(100.0)	61.2(26.0)	10.0(4.3)	72.4(30.8)	19.2 (8.2)
1986	276.5(100.0)	58.9(21.3)	12.9(4.7)	86.6(31.3)	26.3 (9.5)
1987	378.1(100.0)	88.1(23.3)	19.3(5.1)	105.3(27.8)	37.8(10.0)
1988	493.1(100.0)	132.9(27.0)	28.8(5.8)	122.4(24.8)	47.2 (9.6)
1989	570.5(100.0)	146.8(25.7)	35.3(6.2)	144.2(25.3)	52.8 (9.3)
1990	639.9(100.0)	158.4(24.8)	36.5(5.7)	154.2(24.1)	67.0(10.5)
1991	765.8(100.0)	207.7(27.1)	41.3(5.4)	173.7(22.7)	79.7(10.4)
1992	924.9(100.0)	274.1(29.6)	48.5(5.2)	213.1(23.0)	82.2 (8.9)
1993	1,046.2(100.0)	338.0(32.3)	54.7(5.2)	240.7(23.0)	87.4 (8.4)
1994	1,170.0(100.0)	383.8(32.8)	66.6(5.7)	271.5(23.3)	92.0 (7.9)
1995	1,344.2(100.0)	447.6(33.3)	81.4(6.1)	292.3(21.7)	101.1 (7.5)
1996	1,398.0(100.0)	479.4(34.3)	91.5(6.5)	296.2(21.2)	105.2 (7.5)
1997	1,455.9(100.0)	507.8(34.9)	88.3(6.1)	316.5(21.7)	106.4 (7.3)
1998	1,347.7(100.0)	463.5(34.4)	70.6(5.2)	314.7(23.4)	104.3 (7.7)
1999	1,349.0(100.0)	449.6(33.3)	73.0(5.4)	320.8(23.8)	108.6 (8.1)
2000	1,572.7(100.0)	543.0(34.5)	87.1(5.5)	365.5(23.2)	122.9 (7.8)
2001	1,481.0(100.0)	546.1(36.9)	87.6(5.9)	329.8(22.3)	106.9 (7.2)
2002	1,560.5(100.0)	613.2(39.3)	83.7(5.4)	333.0(21.3)	103.1 (6.6)

資料：*Hong Kong External Trade* (Monthly), December issues.

統計付表 8　香港の再輸出（仕向地ベース）（相手国別構成）

(単位：10億HKドル、（　）内%)

	再輸出総額	[相手国別内訳]					再輸出／総輸出	
		対中国	対アメリカ	対日本	対英・独	対台・韓	対中国	対その他
1980	30.1(100.0)	4.6(15.3)	3.1(10.3)	2.2(7.3)	―	3.1(10.3)	74.2%	27.7%
1981	41.7(100.0)	8.0(19.2)	4.8(11.5)	2.8(6.7)	1.5(3.6)	3.8 (9.1)	73.4%	30.3%
1982	44.4(100.0)	8.0(18.0)	5.6(12.6)	2.6(5.9)	1.3(2.9)	4.4 (9.9)	67.8%	31.5%
1983	56.3(100.0)	12.2(21.7)	8.0(14.2)	3.2(5.7)	1.5(2.7)	5.9(10.5)	66.3%	31.0%
1984	83.5(100.0)	28.1(33.7)	12.1(14.5)	4.6(5.5)	2.0(2.4)	8.3 (9.9)	71.3%	30.4%
1985	105.3(100.0)	46.0(43.7)	14.7(14.0)	5.5(5.2)	2.7(2.6)	8.2 (7.8)	75.2%	34.1%
1986	122.5(100.0)	40.9(33.4)	22.4(18.3)	6.7(5.5)	5.3(4.3)	11.8 (9.6)	69.4%	37.5%
1987	182.8(100.0)	60.2(32.9)	32.5(17.8)	9.8(5.4)	10.0(5.5)	18.7(10.2)	68.3%	42.3%
1988	275.4(100.0)	94.9(34.5)	49.5(18.0)	17.4(6.3)	15.4(5.6)	25.9 (9.4)	71.4%	50.1%
1989	346.4(100.0)	103.5(29.9)	72.0(20.8)	23.6(6.4)	22.4(6.5)	29.8 (8.6)	70.5%	57.3%
1990	414.0(100.0)	110.9(26.8)	87.8(21.2)	24.4(5.9)	35.5(8.6)	34.5 (8.3)	70.0%	62.9%
1991	534.8(100.0)	153.3(28.7)	110.8(20.7)	29.6(5.5)	46.7(8.7)	34.2 (6.4)	73.8%	68.4%
1992	690.8(100.0)	212.1(30.7)	148.5(21.5)	37.5(5.4)	53.7(7.8)	39.7 (5.7)	77.4%	73.6%
1993	823.2(100.0)	274.6(33.4)	180.3(21.9)	44.2(5.4)	65.3(7.9)	37.4 (4.5)	81.2%	77.5%
1994	947.9(100.0)	322.8(34.1)	210.1(22.2)	54.7(5.8)	68.9(7.3)	38.9 (4.1)	84.1%	79.5%
1995	1,112.5(100.0)	384.0(34.5)	231.0(20.8)	70.1(6.3)	78.0(7.0)	47.1 (4.2)	85.8%	81.3%
1996	1,185.8(100.0)	417.8(35.2)	242.3(20.4)	80.2(6.8)	83.2(7.0)	46.7 (3.9)	87.2%	83.6%
1997	1,244.5(100.0)	443.9(35.7)	261.4(21.0)	77.7(6.2)	85.4(6.9)	48.9 (3.9)	87.4%	84.4%
1998	1,159.2(100.0)	407.4(35.1)	259.9(22.4)	64.2(5.5)	84.4(7.3)	39.6 (3.4)	87.9%	85.0%
1999	1,178.4(100.0)	399.2(33.9)	269.4(22.9)	67.5(5.7)	89.7(7.6)	47.7 (4.0)	88.8%	86.6%
2000	1,391.7(100.0)	488.8(35.1)	311.0(22.3)	82.1(5.9)	103.0(7.4)	60.7 (4.4)	90.0%	87.7%
2001	1,327.5(100.0)	496.6(37.4)	282.2(21.3)	83.6(6.3)	92.5(7.0)	57.0 (4.3)	91.0%	88.9%
2002	1,429.6(100.0)	571.9(40.0)	291.0(20.4)	80.7(5.6)	91.2(6.4)	59.5 (4.2)	93.3%	90.5%

資料：*Hong Kong External Trade* (Monthly), December issues.

統計付表 9　香港からの再輸出

	中国 原産地品 再輸出 A	対中国 再輸出 (仕向地ベース) B	A/B	A−B	日本 原産地品 再輸出 A	対日 再輸出 (仕向地ベース) B
1980	8.4	4.6	1.8倍	3.8	5.9	2.2
1981	12.8	8.0	1.6倍	4.8	8.4	2.8
1982	14.7	8.0	1.8倍	6.7	9.1	2.6
1983	19.7	12.2	1.6倍	7.5	11.6	3.2
1984	28.1	28.1	1.0倍	0.0	18.7	4.6
1985	34.6	46.0	0.8倍	−11.4	22.5	5.5
1986	51.6	40.9	1.3倍	10.7	18.6	6.7
1987	84.3	60.2	1.4倍	24.1	24.6	9.8
1988	131.5	94.9	1.4倍	36.6	37.7	17.4
1989	188.3	103.5	1.8倍	84.8	39.0	22.3
1990	240.0	110.9	2.2倍	129.5	42.3	24.4
1991	315.7	153.3	2.1倍	162.4	57.2	29.6
1992	403.8	212.1	1.9倍	191.7	85.0	37.5
1993	474.0	274.6	1.7倍	199.4	109.9	44.2
1994	545.8	322.8	1.7倍	223.0	121.9	54.7
1995	636.4	384.0	1.7倍	252.4	130.5	70.1
1996	683.5	417.8	1.6倍	265.7	129.3	80.2
1997	723.4	443.9	1.6倍	279.5	133.8	77.7
1998	691.2	407.4	1.7倍	283.8	123.9	64.2
1999	720.1	399.2	1.8倍	320.9	121.3	67.5
2000	849.5	488.8	1.7倍	360.7	137.3	82.1
2001	808.4	496.6	1.6倍	311.8	125.6	83.6
2002	864.0	571.9	1.5倍	292.1	135.8	80.7

資料：*Hong Kong Monthly Digest of Statistics*；*Hong Kong Annual Digest of Statistics*.
注　：Aの原産地品再輸出とあるのは，"re-exports by main origin" とあるもの。Bの再輸出

(原産地別再輸出 vs 仕向地向再輸出)

(単位:10億 HK ドル)

		アメリカ原産地品再輸出	対アメリカ再輸出(仕向地ベース)		
A/B	A−B	A	B	A/B	A−B
2.7倍	3.7	3.2	3.1	1.0倍	0.1
3.0倍	5.6	4.0	4.8	0.8倍	−0.8
3.5倍	6.5	4.9	5.6	0.9倍	−0.7
3.6倍	8.4	6.0	8.0	0.8倍	−0.2
4.1倍	14.1	8.5	12.1	0.7倍	3.6
4.1倍	17.0	9.5	14.7	0.6倍	5.2
2.8倍	11.9	10.4	22.4	0.5倍	−12.0
2.5倍	14.8	13.6	32.5	0.4倍	−18.9
2.2倍	20.3	19.2	49.5	0.4倍	−30.3
1.7倍	16.7	22.3	72.0	0.3倍	−49.7
1.7倍	17.9	24.5	87.8	0.3倍	−63.3
1.9倍	27.6	26.6	110.8	0.2倍	−84.2
2.3倍	47.5	32.1	148.5	0.2倍	−116.4
2.5倍	65.7	37.4	180.3	0.2倍	−142.9
2.2倍	67.2	43.7	210.1	0.2倍	−166.4
1.9倍	60.4	55.6	231.0	0.2倍	−175.4
1.6倍	49.1	62.2	242.3	0.3倍	−180.1
1.7倍	56.1	62.6	261.4	0.2倍	−198.8
1.9倍	59.7	54.5	259.9	0.2倍	−205.4
1.8倍	53.8	56.7	269.4	0.2倍	−212.7
1.7倍	55.2	65.5	311.0	0.2倍	−245.5
1.5倍	42.0	65.2	282.2	0.2倍	−217.0
1.7倍	55.1	62.9	291.0	0.2倍	−228.1

(仕向地ベース)とあるのは,"re-exports by main destination" とあるものを指す。

あとがき
―― 中国との対話・二つの思い出 ――

　この「あとがき」を利用して，中国・香港に関連した二つの思い出を挿入させていただきたい。
　(1)　「趙紫陽氏と香港」
　私が1980年ごろからこの香港の帰趨に絶大な関心を示したのは，そのことが中国経済の将来を相当程度左右することになると確信したからである。かつて趙紫陽時代に中国は農工生産額を2000年までに4倍に増大させる計画をつくったが，そのプログラムの成否はまさに香港の処理いかんに不可分にかかわっていると，私は考えていたのである。
　1982年5月，「日中経済知識交流会」と称する大来佐武郎氏以下の一行は北京の紫光閣で趙紫陽総理にお会いすることができた。長時間の会見だったが，それに参加した私に与えられた時間は限られていると思ったので，私は問題点を香港にしぼった。曰く「中国の輸出の約4分の1は香港経由です。中国の現代化・工業化が成功するには，先進国から資本財を大量に輸入し，また技術・ノウハウを十二分に導入することが必要です。そのためには，多額の外貨が必要だが，それには輸出の増加が必要です。しかし，もし中国が香港を中国本土並みに処理しますと，香港の企業家は台湾やシンガポールやカナダに逃避し，資本主義的ダイナミズムは消え去り，香港経由の輸出は激減し，中国経済は停滞に陥ります。総理はどうお考え

ですか」。私の質問は以上のように簡単なものであった。しかし，趙総理には思いがけない質問であったかにみえた。「輸出の香港経由が4分の1とか3分の1とかいわれたが，この比率はあまりに高すぎるように思う」という反応が返ってきただけであり，趙総理は香港のことをあまりご存知ないと思われた。当時は，どうやらこの種の質問は日本人の間からは初めてであったらしい。中国側だけではない。日本側も，中国の発展にとっての輸出の役割，香港の重要性を私ほどには強く意識している人は少なかったらしい。香港問題はもっぱら主権回復の問題として意識されるにとどまった。団長だった大来佐武郎氏も，会見後私に「篠原さん，今日はずい分きわどい質問をしましたね」といわれたことがまだ私の印象として残っている。

しかし，そのあとサッチャー英首相が9月に中国にやってくるまでに，日本の新聞が香港問題について中国側の考えとして報道する分量は加速度的に多くなっていった。中国側トップのほとんどが無意識の状態だったのが，このように急変したのであるから，私の発言は確かに手ごたえはあった感じがする。現在も，私の香港問題に対する関心は依然として高い。しかし，この問題意識は趙紫陽との会見当時にまで遡る。ふりかえってみると，それは20年前から続いてきた問題意識だといえよう。

(2) 「李崇威氏と人民元切下げ」

趙紫陽氏との会見の日時は私の記憶には鮮明に残っている。しかし，おそらくそれと同じ1982年であったかと思う。私と当時の経済企画庁にいた宮崎勇氏は，「対外経済貿易部」の李崇威氏から一晩突き合って人民元の処理について意見を述べていただけないかという依頼をうけたことがある。1982年というのは国務院の機構改革が

行われて、それ以前の「対外貿易部」、「対外経済連絡部」、「外国投資管理委員会」、「輸出入管理委員会」、「輸出入商品検査総局」の五局の統合がきまった年であり、李氏もそのことに触れておられたから、お会いしたのは1982年であったことは間違いなさそうである。360円設定当時の日本の経験、その他何でもよいから参考にしたいということであった。360円レート決定当時のことは、宮崎氏も蘊蓄をかたむける機会を持ったが、私の場合当時はたまたまタイとフィリピン、台湾と韓国の為替レートがそれぞれ卸売物価ベースの購買力平価からみて割高だったか割安だったかという比較研究を完了した直後だったものだから、次のような事例をめぐって発言させていただいた。

それは1950年代、1960年代には、一方韓国やフィリピンの国内経済はインフレ的な状況下にあったものだから、為替レートは購買力平価に比べて割高となり、他方比較的物価が安定していた当時の台湾やタイでは反対に為替レートが割安な状況で推移した。その結果韓国やフィリピンでは輸出の伸びが低くなったが、反対に台湾やタイでは輸出が伸び、輸出・GDP比率が上昇するという結果が生じた、というのが私のお話した主要内容であった。

李崇威氏の質問は結局今後人民元を切り下げる方向にもっていき、中国経済を輸出主導型成長にもっていくべきか、それとも巨大な内需を抱えているから、人民元を切り下げるようなことを差し控えて、経済を内需主導型成長にもっていくべきかという質問になると、私は理解した。

私は韓国対台湾、フィリピン対タイの分析から、むしろゆるやかながら人民元切下げと輸出主導型成長の方向に中国経済を移行させた方が、中国の経済成長をスピードアップし、先進諸国の経済水準

にキャッチ・アップする速度を高める所以であると述べた。たしかに，これは一つの論争点でもあり，対外経済貿易部内部でも見解の分裂がみられたところかもしれない。ただ私は李崇威氏が貿易部内部でどのような位置におられるかは知らなかった。しかし，当時は公開講演もなさったり，大来佐武郎・馬洪氏を中心とする「日中経済知識交流会」にも顔を出しておられたところからみると，部内の中枢部にあった方だという印象を強く抱いている（ただ現在はどこにおられるのかは知らない）。いずれにせよ，人民元のレベルを決めるという難しい仕事はトップが決めるというよりは，当時は中枢部にある人にゆだねられていた問題のように私には推測された。

その点で，中国における大幅な人民元の切下げが現在大きな問題点になっており，いまはそれを切り上げるべきだという国際的圧力も中国に加えられている現状を思うと，私の発言にも何がしかの関わりがあるような気がしてならない。かつて日本が円の切上げを経験したように，いずれは人民元切上げの時期も到来するかもしれない。けれども，人民元をある期間割安状況において，輸出主導型成長を実現し，それを梃子にして先発国レベルに中国をキャッチ・アップさせるという行き方は，後発国の位置にある中国にとって当然の権利だと考えるものである。

日本もまた購買力平価からみて割安な状況にあった360円レートを背景にして輸出主導型と投資主導型の連動する高成長を実現し，そのあとで割高なレートに戻るという経験をしたが，中国もまたいま日本と同じことをやろうとしているにすぎない。これが李崇威氏との話し合いを中心とした私の思い出の一節である。

ただ私がそういわなくとも，内部でそのような考え方にすでに到達していたのに賛成したにすぎないのかもしれない。ただ長い間ご

無沙汰しすぎていため,私はこの一点をいま本人に問いただす気持ちにはならない。したがって,これは趙紫陽氏との一件よりは迫力のない思い出だというほかない。それにしても,歴史上の偶然というものは面白いものだということをつくづく感ぜざるをえない。

＊　　＊　　＊

本書は中国および香港についての"統計的ファインディング"模索の書物になってしまった。多くの経済分析は理論仮説に乗っかり,そこからスタートする"top-down"の研究が中心になっているようだが,それに比べると私の場合は統計いじりから始まっての"bottom-up"のファインディング中心の分析となったといえよう。

直接には,本書は国際東アジア研究センターの研究援助によって誕生した「中国経済と香港——統計的分析」が母体となる。京都大学の山本裕美氏もこれには協同研究者として参加していただいた。同研究センターの前所長市村真一氏,現所長の山下彰一氏の激励に負うところが多く,お礼申し上げたい。ただし,香港の部分については,それに先立って行われた私の研究『香港経由の"Triangular Trade"の構造をさぐる——対中国・アメリカ・日本など——』(NIRA, 2002年5月)(非売品, 162pp.)からも,かなりの引用が行われたことを申し添え,NIRAにも感謝申し上げるものである。以上二つの研究には,それぞれ長い「付属統計表」がつけてあるが,一般読者を対象とする本書では,当然のことながら,これを大幅に圧縮させていただくほかはなかった。

それでも,本書では本文中に統計表37,統計グラフ29,末尾の統計付表9を加えれば合わせて75の表・グラフが載せられているから,統計重装備のいわば本屋泣かせの書物となったかもしれない。にも

かかわらず，勁草書房の宮本詳三氏があえてその市販を快諾されたことは，私にとって誠にありがたい決定であり，感謝のほかない。

私自身は好みで手作業の計算や手書きのグラフ作成を行うのが常であったが，これをパソコンできれいに整理し，さらに数々の計算ミスを除去するという仕事は，私が属する（財）統計研究会の女性軍によって行われた。なかんずく，平松キヨ子，田中玲子さんの献身的な作業には頭があがらない。さらに畏友・小浜裕久氏からは私の暫定的原稿に眼を通して，いろいろのコメントをいただいた。記してお礼申し上げたい。

最近，私の一橋大学以来の友人武山泰雄氏は，私の属する（財）統計研究会に対して絶大な資金援助を惜しまれなかった。この如水会武山ファンドともいうべき研究援助には，本書が負うところは大きい。とくに記して，謝意を表するものである。

2003年秋

篠原三代平

索　引

あ　行

アジア欧州会議（ASEM）　135
一国二制度　iv,71
1事業所当り就業者数　110,112
市村真一　62
印刷・出版業（香港）　113
インフレ率　46
Umezaki, S.　62
沿海地区経済発展戦略　34
大来佐武郎　157
大久保勲　13,14,16,22
温州モデル　41

か　行

外貨準備高　30,135,137
外貨調整センター　13,14,22
外貨保有規制　22,102,137
外商直接投資　36,57,105
　——の国別構成比　69
外商直接投資（香港から流入する）
　56-57
外為契約出来高　69
九龍　67
加工貿易　100-105
　委託——　100,102

対中国本土——　101
対香港——　100
直接投資を前提とした——　102
加工輸出　100-102
加工輸入　100-102
　委託——　105
　対中国——　103
華国鋒の失脚　34
加重実効レート　15
割譲と租借（香港）　67
華南地区　132,134
株式市場の指標（香港）　69
カレンシーボード制　70
為替レート（中国）　5,20
為替レート切下げの効果　26
為替レート割高（割安）　25,26,136
為替割高度　29
広東圏　132
広東・香港圏　129
広東モデル　41
企業赤字（中国）　35
企業の対広東大量進出　99,111
キャッチ・アップ　136
供給サイド効果　40
金融機関の赤字　138

空洞化　v, 107
Kuznets, S.　3
Klein, L. R.　62
Clark, C.　3
growth recession　134
クロス提携　133
経済成長とインフレーション　46
経済4倍増計画　34
Keynes, J. M.　49
原産地 (origin)　77, 92, 93, 94, 95
Khor, H. E.　13, 16, 19, 20, 22
公共支出の対GDP比率　70
工業生産額　41, 42
——に占める賃金総額の割合　45, 46
工業製品の関税率　130
広州汽車　132
構造変化　106
郷鎮企業　41, 42
——の労働生産性　44
　広東省の——　43
公定レート　13
購買力平価 (PPP)　8-13
購買力平価 (世界銀行)　23-26, 136
購買力平価基準　28-30
国際金融インフラ　70
国際金融センター　130
国際金融センター香港　58
——の世界ランキング　69
国際収支基準　28, 29
国際的通貨調整　135
国有株の放出　41

国有企業の赤字増大　40, 138
小島末夫　62
小島麗逸　62
固定資産投資／GDP比率　32
固定資本形成　31
Sax, G.　137

さ 行

財政支出　48
再輸出　77-79
再輸出90％時代　77
再輸出／総輸出比率　78, 81, 84, 85, 87
再輸出 (仕向地ベース) とその原産地区分　96
再輸出 (原産地ベース) とその仕向地区分　98
再輸出 (仕向地ベース) のうち原産地が中国の場合　97
サービス貿易　73-75
三国間貿易　ii, 76, 77, 87-89
GDP成長率　46, 47
GDPデフレーター　10-12
事業所数・就業者数の産業別推移 (香港)　108
事業所数・就業者数の業種別変動 (香港・製造業)　110-113, 117
市場レート　13
実際利用外資　36, 37
——の対GDP比率　37
実際利用投資中外商直接投資の割合　38
実質為替レート (日米)　27-30

索引　165

実質為替レートと輸出シェア　8-12
実質GDPの平均成長率（香港）　106
自動車関連の投資案件　132
seigniorage　71
地場産業　79
地場消費　90
地場消費輸入　90
地場輸出　77-80
　　――の対中国，対その他諸国間の構成比　81-82
資本取引　22-23
資本取引自由化　137
仕向地（destination）　77, 80, 92-98
仕向地ベース・原産地ベース再輸出の等価・不等価関係　92
ジャオ，Y.C.　68, 69
上海圏　129, 130, 132
自由企業制度　70
就業者数の業種別変動（香港）　115
集中決済機構（CMU）　70
自由貿易港　70, 130
珠江デルタ圏　53, 130
朱鎔基　35
需要サイド効果　39
消費者一般からの反撃　136
商品貿易収支（香港）　76
商品輸出総額の比較（中国・アメリカ・日本）　6
食糧輸入　138
所得効果　30
白井早由里　71

新界　67-68
深圳市の域内GDP　133
深圳市の輸出総額　133
人民元　5, 134, 162
進料加工　100, 102-105
swap rate　18
生産者価格　10, 11
政治・行政の腐敗　138
製造業規模別分析（香港）　109-113
　就業者200人以上規模　109, 111
製造業の急転回　106
成長率循環　32, 35, 134
税率（香港）　70
世界の輸出額と東アジア　123
全社会固定資産投資　31
総合商社　iv, 71
蘇南モデル　41

た　行

第一汽車　131, 132
戴二彪　64
体制の相違　137
対中国再輸出（仕向地ベース）　63
対中国貿易赤字（アメリカ）　135
大統領選挙　135
対ポンドペッグ　71
対USドルペッグ　70
WTOへの加盟　130, 132
段落差　56, 60
　中国の対香港輸出入統計にみられる――　60
中継貿易　ii, 76

中継貿易港　72, 121
中国原産品再輸出　63
中国工業生産額に占める国有企業の比重　40
中国商品の氾らん　7
中国の外貨準備高　30, 135
中国輸出に占める香港の比重　59, 60
中国輸出の相手国別構成　59
通商白書　62
長江デルタ圏　53
趙紫陽　34, 157
直接投資　36, 39
通貨危機　73
通貨決済機構　31
天安門事件　34
東莞市の外資導入額　133
投資／GDP比率　32-39
投資循環　32-35, 47
投資・輸出の中期循環　50
鄧小平　34
東風汽車　131, 132
Triangular Trade　ii, 63
TRIM（貿易関連投資措置）　130

な　行

内国民待遇　70
内部決済相場　18
内陸にある低開発地域の開発　132
中嶋誠一　42
南巡講和　34
ニクソン・ショック　136

日本企業の対中国投資案件　130, 131

は　行

東アジアのテーク・オフ　138
1人当りGDP　67
1人当りGNP（世界銀行）　24
1人当り所得水準（中国）　136
プラザ合意　136, 137
変動相場制　137
貿易依存度　72
ボトム・アップ的要素　44
political cycle　34
香港経済の概観　67
香港経由の対外輸出依存率　90-91
香港経由の直接投資　56
香港経由の輸出割合　59-60
香港再輸出の国別動向（仕向地ベース）　83
香港・シンガポールの輸出の比重　124
香港とシンガポールの比較分析　121
香港のサービス輸出の業種別構成比　74
香港の地図　68
香港島　67
香港返還　73

ま　行

マネーサプライ　48
マネーサプライ（M2）と財政支出の年々の伸び率　48

丸屋豊二郎　91

や　行

山本裕美　161
輸出／GDP 比率（中国）　3,39
輸出／GDP 比率（全国，上海・江蘇・浙江，広東）　54,55
輸出／GDP 比率（香港）　72-73
輸出主導型成長　ii-iv, 3-8, 136
要素費用ベースのGDPに占める製造業の比重（香港）　106, 107
預金銀行の対外債権　69
預金銀行の対外債務　69

ら　行

来料加工　100, 102-104
retained imports　78
retained imports ratio　87
李崇威　158
労働生産性　43-44, 50

著者略歴

1919年　富山県に生まれる。
1942年　東京商科大学卒業。
　　　　一橋大学，経済企画庁経済研究所所長，成蹊大学教授，アジア経済研究所会長，東京国際大学教授を経て，
現　在　一橋大学・東京国際大学名誉教授，財団法人統計研究会会長
主　著　『経済大国の盛衰』（東洋経済新報社，1982年），『日本経済研究：篠原三代平著作集Ⅰ～Ⅳ』（筑摩書房，1987年），『世界経済の長期ダイナミクス』（TBSブリタニカ，1991年），『戦後50年の景気循環：日本経済のダイナミズムを探る』（日本経済新聞社，1994年），『現代エコノミスト選集——日本経済の50年篠原三代平集』（NTT出版，1994年），『長期不況の謎をさぐる』（勁草書房，1999年）など。

中国経済の巨大化と香港　そのダイナミズムの解明

2003年11月10日　第1版第1刷発行

著　者　篠原三代平

発行者　井　村　寿　人

発行所　株式会社　勁草書房

112-0005　東京都文京区水道2-1-1　振替　00150-2-175253
　　　（編集）電話　03-3815-5277／FAX 03-3814-6968
　　　（営業）電話　03-3814-6861／FAX 03-3814-6854

三協美術印刷・青木製本

ⓒSHINOHARA Miyohei　2003

ISBN 4-326-55047-3　Printed in Japan

〈㈳日本著作出版権管理システム委託出版物〉
本書の無断複写は著作権法上での例外を除き禁じられています。
複写される場合は，そのつど事前に㈳日本著作出版権管理システム（電話 03-3817-5670，FAX03-3815-8199）の許諾を得てください。

＊落丁本・乱丁本はお取替いたします。
http://www.keisoshobo.co.jp

中国経済の巨大化と香港
そのダイナミズムの解明

2015年1月20日 オンデマンド版発行

著 者　篠原三代平

発行者　井 村 寿 人

発行所　株式会社　勁　草　書　房

112-0005 東京都文京区水道2-1-1　振替　00150-2-175253
（編集）電話 03-3815-5277／FAX 03-3814-6968
（営業）電話 03-3814-6861／FAX 03-3814-6854
印刷・製本　(株)デジタルパブリッシングサービス http://www.d-pub.co.jp

Ⓒ SHINOHARA Miyohei 2003　　　　　　　　　　　　AI956

ISBN978-4-326-98199-1　Printed in Japan

JCOPY　＜(社)出版者著作権管理機構 委託出版物＞
本書の無断複写は著作権法上での例外を除き禁じられています。
複写される場合は、そのつど事前に、(社)出版者著作権管理機構
（電話 03-3513-6969、FAX 03-3513-6979、e-mail: info@jcopy.or.jp)
の許諾を得てください。

※落丁本・乱丁本はお取替いたします。
　　　　http://www.keisoshobo.co.jp